智媒时代网络评论丛书

网络评论：
理论与实务

Internet Commentary:
Theory and Practice

主编　王溥　熊爱玲

武汉大学出版社
WUHAN UNIVERSITY PRESS

图书在版编目(CIP)数据

网络评论：理论与实务 / 王溥,熊爱玲主编. -- 武汉 ：武汉大学出版社，2024. 12. -- 智媒时代网络评论丛书. -- ISBN 978-7-307-24506-8

Ⅰ. G206.2
中国国家版本馆 CIP 数据核字第 2024GR1962 号

责任编辑:聂勇军　　　责任校对:鄢春梅　　　版式设计:韩闻锦

出版发行:**武汉大学出版社**　　（430072　武昌　珞珈山）
　　　　　（电子邮箱: cbs22@ whu.edu.cn　网址: www.wdp.com.cn）
印刷:武汉图物印刷有限公司
开本:720×1000　　1/16　　印张:10　　字数:149 千字　　插页:2
版次:2024 年 12 月第 1 版　　　2024 年 12 月第 1 次印刷
ISBN 978-7-307-24506-8　　　定价:42.00 元

楚天网络评论研究院网评丛书编委会

序

赵洪松

进入智媒时代，在数字化浪潮的激荡下，人们获取信息的方式迅速迭代，并引发了传媒生态、舆论环境的深刻变革，融合传播已成为信息传播的新常态。

在互联网这个最大变量的参与下，新兴媒体不断涌现，媒体融合趋势加强，公众参与公共生活的热情高涨，社会舆论更加多元，各种思想从来没有像现在这样，如此相互敞开，彼此坦白，各种观点相互激荡，观点交锋、思想角力不断，这就迫切需要主流媒体发挥舆论引导作用。

网络评论，作为媒体变革中的重要产物，不仅重塑了公众话语的格局，也深刻影响了信息的接收和互动方式。都说网络的发展为人类带来了前所未有的融合，可一切融合最终都必将是思想的融合。在互联网的汪洋大海中，网络评论如同一艘航船，指引着前行的方向。风急浪大更考验定力，优秀的网评作品以理性表达和情感共鸣引导舆论，凝聚最广大的社会力量。

同时，在网络传播语境下，要努力创新，要放下学者身份、媒体架子，融入互联网的用户思维，不断创新网络评论的话语体系和表达形式，在时代化、大众化、通俗化上精准发力，以观点制胜，提供价值增量，创新融合，重塑表达方式，才能行之有效地在舆论场上刷出"存在感"，扩大主流思想影响力，发挥激浊扬清的重要作用。

媒体融合不仅仅是技术的融合，更是内容、渠道和受众的融合。它打破了传统媒体的界限，为网络评论提供了更广阔的舞台。媒体深度融合下，《网络评论：理论与实务》依托权威媒体实践探索，试图梳理总结网络评论的理论基础和实践应用，同时深度挖掘其在媒体融合时代的发展方向和价值意义。

面对这些机遇和挑战，本书作者认为网络评论需要在以下几个方面进行创新：首先，要坚守真实、公正、客观的底线，确保网络评论的权威性和公信力；其次，要积极探索新的传播方式和互动方式，提高网络评论的可读性和可视性；最后，要充分根植社会生活，引导社会舆论，从百姓生存的大地破"土"而出，带着生活的"鲜香"，关注人民群众的喜怒哀乐，推动社会的变革和社会治理的改善，这也是网络评论的力量所在。

尽管数字信息技术不断迭代，舆论环境深刻变革，但我们依旧相信内容为王，变的是传播形式、话语方式，不变的是思想的引领力。让我们与网络评论一起，拥抱新变化、拥抱新时代，以更易懂、更生动的网络评论作品，赢得网民点赞、引发群众共鸣，让主旋律更响亮、好观点更动人，发挥网络评论在新时代新闻舆论工作中的更大作用。

(作者系湖北日报传媒集团总编辑)

目　　录

第一讲　马克思主义新闻评论观

马克思主义新闻观是指以马克思列宁主义为理论基础，以马列主义的基本原理和方法为指导，分析和评价新闻事实，揭示新闻事实背后的本质规律。①

马克思主义新闻观强调新闻客观性、真实性、公正性和公共利益性。它强调新闻反映社会现实和客观规律的属性，坚持新闻应当真实、客观、平衡、公正的原则，要求新闻真实地反映事实，客观地传播信息。同时，马克思主义新闻观也强调新闻的社会功能，新闻应当关注公共利益，服务群众，反映社会矛盾，促进社会进步。

马克思主义新闻评论观是马克思主义新闻观在新闻评论领域的具体体现。它以马克思主义新闻观为指导，以马克思主义的基本原理和方法为理论基础，对新闻事实、新闻现象、新闻报道等进行分析和评价。它关注新闻报道中反映的社会矛盾和社会问题，对其进行评价，通过揭示新闻背后的本质规律，引导公众正确看待问题，树立正确的价值观念，以提高整个社会的思想文化水平。

马克思主义新闻评论观要求新闻评论应当准确、客观、公正地反映事实，运用科学、严谨、公正的分析方法，帮助公众了解社会现实、认识社会规律，在批判性揭示问题根源的基础上，提出具有启迪性、规范性和建设性的见解和思考。评论家应当把马克思主义新闻评论观作为必修学习课，掌握其理论知识并在创作新闻评论时予以践行。

1

---

① 李琳：《马克思主义新闻观在新媒体舆论环境下的作用》，《视听》2019 年第 8 期。

第一节　马克思主义新闻思想

一、马克思与恩格斯的新闻传播思想

(一) 马克思与恩格斯针对新闻传播事业采用的研究视角

马克思与恩格斯对新闻传播领域的关注一直存在。19 世纪之后，马、恩二人考虑到商品交换的世界性扩展、大规模工业的发展、交通和通信革命向全球的拓展，认为人类社会一般意义上的交往已经由地区性的交往发展为世界性的交往。快速的信息传递缩短了人际的空间距离，现代新闻业的迅速发展正是基于这一背景而产生。他们从世界交往角度看待新闻业的发展，大力支持所有有利于其扩大世界交往的措施和政策，并以此衡量某家新闻机构的进步或保守程度。他们还指出，正是世界交往使资本主义的劳动生产力创造了一种可能性，使每个人都有充分的闲暇时间通过文明交际的方式享有一切信息。

马克思与恩格斯注重报刊在社会中所处的地位和职责。马克思和恩格斯揭示了当时欧洲主流的社会意识——新教的资本主义性质，同时也汲取它的"使命"观念来考察当时新闻业的主要媒介——报刊。他们指出，报刊作为一种信息媒介，总是不可避免地蕴含着出版者的观点和意图，并把影响舆论作为自身的目的。社会上的报刊作为一个整体，是广泛的无名的社会舆论机关，是作为"舆论的纸币"而流通的，也是促成社会运动的强有力的因素。报刊的特殊性质使其在整体层面履行着社会舆论监督的职能。马克思多次使用"眼睛"来类比这一职能，他曾写道："自由报刊是人民精神的洞察一切的慧眼。"①

马克思与恩格斯注重新闻业得以发展的政策环境条件。二人在接触新闻事业时，首先批判的就是扼杀自由思想的书报检查制度和限制报刊出版的知识税政策。在新闻出版领域，他们支持一切意在打破旧制度束缚、争取新闻出版自由的斗争，与此同时，二人也揭示了资本主义政治制度背景下新闻出

---

① 《马克思恩格斯全集》第 1 卷，北京：人民出版社 1995 年版，第 179 页。

版自由的局限性和虚伪性。他们争取新闻出版自由的目的，正如恩格斯所写："出版自由，不同意见的自由斗争就意味着允许在出版方面进行阶级斗争。"①与此相似，马克思也写道："法典就是人民自由的圣经。因此，新闻出版法就是对新闻出版自由在法律上的认可。""没有关于新闻出版的立法就是从法律自由领域中取消新闻出版自由。"②

马克思与恩格斯尤为重视使用新闻报刊来提升工人的知识文化水平，丰富工人的精神世界，为工人运动创造条件。马克思敏锐地察觉到 19 世纪 40—60 年代新闻报刊与工人阶级之间关系的变化。在 19 世纪早期，读报在工人群体中仍然属于一种奢侈的高级享受；而随着社会的进步和工人阶级的斗争，自 19 世纪 60 年代开始，欧洲各国相继废除知识税，报纸的价格随之下降。马克思观察到了这一点，写道："工人生存的条件，以及工人所挣的货币的价值量，当然会强制工人把货币花在十分有限的生活资料范围内。但是在这里可能存在一些变化，例如，报纸就包括在英国城市工人的必要生活资料之内。"③一般情况下，人们所认为的"必要生活资料"仅仅是物质生活领域的消费品，而马克思却把报纸作为工人阶级的必要的生活资料，这说明马克思十分看重以报纸为代表的精神活动对于工人的生存和发展的重要性。马克思把工人阶级争取出版、言论和结社的自由，看做争取"火和水"(即必需的生活条件)的斗争。恩格斯也表示："没有这些自由，工人政党自己就不能获得行动的自由；争取这些自由的斗争，同时也就是工人政党争取自己本身生存条件、争取自己呼吸所需空气的斗争。"④

马克思与恩格斯开创性地创立了马克思主义政党的党报理论。他们认为，党的报刊是党的一面旗帜，在艰苦的斗争环境当中，党的报刊甚至是党存在的唯一标志。党的领导机构有责任创立并领导党的报刊，对党报进行道义、思想、理论上的引领；党的报刊应当依照党的精神开展工作，有职责在党的纪律与纲领的范围之内，对党的领导机构和领导人进行合理的监督和批评。

---

① 《马克思恩格斯全集》第 6 卷，北京：人民出版社 1961 年版，第 528 页。
② 《马克思恩格斯全集》第 1 卷，北京：人民出版社 1995 年版，第 176 页。
③ 《马克思恩格斯全集》第 48 卷，北京：人民出版社 1985 年版，第 12 页。
④ 《马克思恩格斯全集》第 21 卷，北京：人民出版社 2003 年版，第 114 页。

在具体的新闻工作当中，既要反对某些党报企图摆脱党的领导的独立倾向，也要避免对党报实行高度集中专断的专制政策，即对待党报要遵循宽松与严格相结合的原则。

（二）马克思与恩格斯的宣传思想

无论是理论还是实践层面，马克思与恩格斯都高度重视宣传的作用。

在马、恩著作的语境中，"宣传"是一个广义概念。它既可以指向一种观点、一种学说的传播，同时也可以指向事实本身造成的社会舆论影响。

马克思与恩格斯认为，宣传的根基应当是事实。他们反对空洞的说教，要求一切的宣传都应从事实出发、从实践出发。马克思要求"少发些不着边际的空论，少唱些高调，少来些自我欣赏，多说些明确的意见，多注意一些具体的事实，多提供一些实际的知识"①。恩格斯认为："使读者确立无可争辩的信念，只有明显的、无可争辩的事实才能做到这一点，特别是在一个被无穷的'祖先智慧'迫使人们持怀疑论的世纪里，仅凭空洞的说教，哪怕是很高明的权威的说教，都不能使人产生这种信念。"②

马克思与恩格斯认为，宣传应当具有科学性，在理论层面应当能够做到逻辑自洽。二人始终对那些能够用于宣传但在理论和实践上有待商榷的材料持一种慎重的态度。例如，对于"自由的人民国家"这一表述，恩格斯曾指出："这个用语在鼓动的意义上暂时有存在的理由，但归根到底是没有科学根据的。"③

马克思与恩格斯认为，宣传的根本目的是说服。马克思和恩格斯确定的宣传对象，重点始终在那些当前还没有参与社会主义运动的群众身上。恩格斯曾对这一宣传策略有过明确的表述，他说："根据我们的已经由长期的实践所证实的看法，宣传上的正确策略并不在于经常从对方把个别人物和成批的成员争取过来，而在于影响还没有卷入运动的广大群众。"④

马克思与恩格斯认为，宣传工作应当注重把握时机和时事背景。例如，

---

① 《马克思恩格斯全集》第47卷，北京：人民出版社2004年版，第42页。
② 《马克思恩格斯全集》第42卷，北京：人民出版社1979年版，第277页。
③ 《马克思恩格斯全集》第26卷，北京：人民出版社2014年版，第298页。
④ 《马克思恩格斯全集》第33卷，北京：人民出版社1973年版，第591页。

1870 年普鲁士和法兰西第二帝国爆发了战争，马克思凭借对国际局势的敏锐观察，认为这场战争为宣传社会主义思想提供了好机会，他说："战争所引起的种种情况将给我们的原则提供最好的宣传材料。"①于是，他当机立断，停下手头正在进行的工作，与恩格斯合力撰写第一国际宣言，并借着战争的背景进行宣传，收获了良好的宣传效果。

（三）马克思与恩格斯的舆论监督思想

在马克思与恩格斯的论述中，报刊的舆论监督职能主要表现在两个层面。其一，通过再现社会的当前状况，尤其是社会当中令人民群众不满意的状况，来反映人民群众的呼声、思想和诉求。关于这一点，马克思曾经在作品中表示："报界不仅要撇开个别人的特殊意见来表达人民的信念，而且要证明这种信念的内容是合理的，难道这不是报界对政府的责任吗？"②其二，要对政府、政党等社会权力团体及与之有关系的个人进行监督和批评。马克思表示："报刊不仅有权利而且有义务严密地监督人民代表先生们的活动。……难道有人想剥夺报刊评论人民代表的议会活动的权利吗？那末，又何必要报刊呢？"③

马克思与恩格斯都认为，报刊监督的实质，是以其特有的方式来唤醒人民对现有的不合理的社会制度的不满，以便激发人民群众的权利意识和斗争意识，促进社会和国家的长远发展进步。马克思一针见血地指出："如果报刊无权唤起人们对现存法定秩序的不满，它就不可能忠诚地参与国家的发展。"④

（四）马克思与恩格斯的党报思想

马克思与恩格斯创立了马克思主义的党报思想理论。在领导工人阶级进行革命斗争的过程当中，二人就党与党的报刊的关系发表了许多颇具价值的论述。在马克思去世后，欧洲工人运动逐渐走向成熟，无产阶级政党相继拥有了成熟的党报体系，恩格斯也对各国工人政党就党报方面的问题作了论述

5

---

① 《马克思恩格斯全集》第 33 卷，北京：人民出版社 1973 年版，第 167 页。
② 《马克思恩格斯全集》第 1 卷，北京：人民出版社 1995 年版，第 313 页。
③ 《马克思恩格斯全集》第 5 卷，北京：人民出版社 1958 年版，第 203 页。
④ 《马克思恩格斯全集》第 1 卷，北京：人民出版社 1995 年版，第 428 页。

和指导。

就党的领导机构与党的报刊的一般关系而言，马克思与恩格斯认为党对于党的报刊负有领导、指示、监督的职责。

但是，在工人运动的实践过程中，党的核心领导机构与党报的编辑部之间也会产生摩擦和矛盾，恩格斯曾于1873年撰文指出产生这一矛盾的原因。当时，德国社会民主党原先的主要领导人都不幸被捕入狱，党组织的实际掌权者是书记约克，党报的主持工作也临时由布洛斯担任，他们在立场上更倾向于拉萨尔派，并因立场不同而与党报主要编辑赫普纳产生矛盾。就此恩格斯致信党的领导人倍倍尔说："党的领导——不幸，它完全是拉萨尔派的——会利用您被监禁的机会把《人民国家报》变成某种'诚实的'《新社会民主党人报》。约克的行动已明显地暴露出这种意图，而由于委员会攫取了任免编辑的权利，所以危险性无疑是相当大的。……党的领导毕竟有某种形式上的权力来监督党的机关报；这种权力对您虽然没有行使过，但是这一次，他们无疑会利用它，而且用来危害党。"①

面对党的报刊和党的组织之间的矛盾，马克思和恩格斯始终从大局出发、从科学出发、从真理出发，没有贸然偏袒矛盾的任何一方，而是要求党的双方都尽可能地在党的章程和规则的范围之内解决矛盾，要求无论是党的领导机构，还是党的报刊，都要将党的纲领和原则作为对错的评判标准。

马克思去世以后，恩格斯系统性地整理了马克思的党报思想，并总结了过去二人处理各国工人政党的党组织与党报之间的矛盾的经验，提出了几条处理党和党报关系的原则：

第一，党应当允许不同的意见在组织内部自由交换。他认为"在党内绝对自由地交换意见是必要的"②。这一原则在党报的具体业务当中，就表现为党的报刊应当勇于争辩、不避讳对党的组织和党的领导人的不合理决策的批评。恩格斯进一步指出："批评是工人运动生命的要素，工人运动本身怎么能避免批评，想要禁止争论呢？难道我们要求别人给自己以言论自由，仅仅

---

① 《马克思恩格斯全集》第33卷，北京：人民出版社1973年版，第590页。
② 《马克思恩格斯全集》第37卷，北京：人民出版社1971年版，第435页。

是为了在我们自己队伍中又消灭言论自由吗?"①

第二,党组织对党报的领导应当是道义上的。这一原则要求党报对党的领导机构在保持绝对服从的基础上,也强调了要留给党报一定的自由。在国际工人协会时期,马克思曾经数次表示,总委员会的领导是一种不基于强制手段和暴力机关的道义层面的领导。1891年,恩格斯明确将类似的说法用于党的领导机构对党的报刊的领导形式,他就德国党的理论刊物《新时代》对时任德国社会民主党主席倍倍尔说:"执行委员会和你本人对《新时代》以及所有出版物保持着并且应该保持相当大的道义上的影响,这是不言而喻的。但是,你们也应该而且可以以此为满足。"②

第三,党内的思想斗争应当是公开的而非隐蔽的。在工人运动早期,由于工人运动规模比较小、工人政党的实力相对比较弱,工人政党为了保持团结、一致对外,通常选择淡化、隐藏党内的思想斗争。而在1870年以后,工人运动的声势逐渐壮大,马克思和恩格斯也适时调整了看法,认为党不应当隐藏党内的思想分歧,而应当以党报为平台,在党内营造民主讨论的氛围,让各种观点充分争鸣。

二、列宁的新闻传播思想

(一)列宁的党报思想

列宁的新闻思想与马克思、恩格斯等人有所不同,这主要是由于俄国革命的特殊性所造成的。关于党的报刊的思想,列宁在论述当中主要谈到了无产阶级政党办报的方针、无产阶级政党的报刊体制、工人阶级政权的新闻政策、党报与人民的关系等问题。

针对俄国反动势力强大、资本主义发展不充分、政治环境严酷的斗争状况,列宁对党报提出了坚守党性原则、服从党的指挥的要求。列宁指出:"严格的党性是阶级斗争高度发展的伴随现象和产物。反过来说,为了进行公开而广泛的阶级斗争,必须发展严格的党性。"③可以看到,列宁对于党报

---

① 《马克思恩格斯全集》第37卷,北京:人民出版社1971年版,第324页。
② 《马克思恩格斯全集》第38卷,北京:人民出版社1972年版,第92页。
③ 《列宁全集》第12卷,北京:人民出版社1987年版,第123页。

与党的关系的论述是与马克思和恩格斯有所不同的，他更强调党报对党的服从。这与俄国严峻的革命形式和沙皇政府的残酷高压统治密切相关。在这样严酷的斗争环境当中，党报必须与党保持高度统一，只有这样，俄国共产党才能完成领导无产阶级革命的历史使命。

但是，强调党对党报的绝对领导并不代表要否认党在思想层面的自由与民主原则。列宁在马克思与恩格斯的新闻思想的基础上，根据俄国革命的特殊形势，重新建构了党与党报的关系。他指出："我们已经不止一次从原则上明确地谈了我们对工人政党的纪律的意义和纪律的概念的看法。行动一致，讨论和批评自由——这就是我们明确的看法。"①在具体的实践当中，列宁也贯彻了这一"行动一致、思想自由"的新闻理念，他创办了《争论专刊》，专门呈现党内的不同意见，并在党章中规定了党应当容许表达不同意见的报刊存在甚至为其提供支持。列宁不提倡掩盖党内的矛盾，倡导党内同志式的论战。他认为，掩饰党内分歧，不敢将党内矛盾公之于众，这不符合马克思主义的观点。

列宁从唯物主义的角度出发，重视保障无产阶级的新闻出版自由。他在肯定了资本主义的新闻自由思想之后，也敏锐地指出资本主义制度下新闻出版自由的不充分性和局限性，并对无产阶级夺取政权后的新闻自由制度进行了详细的构想。列宁认为，出版自由意味着全体公民都能够自由发表意见。从物质与意识的关系来看，如果要保障无产阶级的新闻出版自由，就要首先保障无产阶级获得新闻出版的原材料的自由。因此，在革命成功后，首先就应当将印刷设备和供印刷使用的纸张分配给全体无产阶级所有。但列宁也强调，出版自由不是一种超越阶级的抽象的自由，任何出版物都无法脱离其阶级属性。"要弄弄清楚是什么样的出版自由？是干什么用的？是给哪一个阶级的？"②在社会主义国家，应当在保障无产阶级新闻出版自由的同时限制反动阶级的出版自由。

（二）列宁关于出版物的党性思想

列宁语境当中的"党性"主要是针对分散在俄国各地的共产主义活动小组

---

① 《列宁全集》第 14 卷，北京：人民出版社 2017 年版，第 121 页。
② 《列宁全集》第 42 卷，北京：人民出版社 1987 年版，第 85 页。

而讲的。党性，即党的观念或意识。当党宣布成立时，原本分散在俄国各地的共产主义小组当中的成员在理论上就成了党员，个人的言行应当遵从于党的章程、纲领和政策，这便是党性的体现。

根据列宁的一系列论证，出版物的党性原则应当表现在以下两方面：

其一，在思想观念和理论层面，党的报刊应该将自身视作党的一部分。列宁写道："写作事业应当成为整个无产阶级事业的一部分，成为由整个工人阶级的整个觉悟的先锋队所开动的一部巨大的社会民主主义机器的'齿轮和螺丝钉'。写作事业应当成为社会民主党有组织的、有计划的、统一的党的工作的一个组成部分。"①他紧接着解释："德国俗语说：'任何比喻都是有缺陷的。'我把写作事业比做螺丝钉，把生气勃勃的运动比做机器也是有缺陷的。……无可争论，写作事业最不能作机械划一，强求一律，少数服从多数。无可争论，在这个事业中，绝对必须保证有个人创造性和个人爱好的广阔天地，有思想和幻想、形式和内容的广阔天地。这一切都是无可争论的，可是这一切只证明，无产阶级的党的事业中写作事业这一部分，不能同无产阶级的党的事业的其他部分刻板地等同起来。"②

其二，在具体的组织层面上，报刊的写作者必须至少参与到党的一个组织中去。这是前文提到的思想理论在实践层面的具体落实。列宁曾经就此写道："报纸应当成为各个党组织的机关报。写作者一定要参加到各个党组织中去。出版社和发行所、书店和阅览室、图书馆和各种书报营业所，都应当成为党的机构，向党报告工作情况。有组织的社会主义无产阶级，应当注视这一切工作，监督这一切工作，把生气勃勃的无产阶级事业的生气勃勃的精神，带到这一切工作中去，无一例外。"③

三、毛泽东的新闻传播思想

(一)毛泽东的新闻与出版思想
毛泽东一直强调通过报刊指导各项工作。1942年《解放日报》改版时，毛

---

① 《列宁全集》第12卷，北京：人民出版社2017年版，第93页。
② 《列宁全集》第12卷，北京：人民出版社2017年版，第93~94页。
③ 《列宁全集》第12卷，北京：人民出版社2017年版，第94页。

泽东曾有过以下论述："利用《解放日报》，应当是各机关经常的业务之一。经过报纸把一个部门的经验传播出去，就可推动其他部门工作的改造。我们今天来整顿三风，必须要好好利用报纸。"①

毛泽东重视使用典型的新闻报道来指导党的工作。他认为，报道典型案例、树立典型形象，可以产生示范效应，进而对全党全军全国产生正面影响，这有利于党的工作的开展；而负面的典型案例则可以警醒他人。1953年他曾发出过批示："凡典型的官僚主义、命令主义和违法乱纪的事例，应在报纸上广为揭发。……就应将各地典型的好人好事加以调查分析和表扬，使全党都向这些好的典型看齐，发扬正气，压倒邪气。"②

在新闻报道的内容和文字风格上，毛泽东坚决反对"党八股"，大力倡导生动鲜活的文风。关于文风问题，他曾发表过著名的《反对党八股》演讲，表达了对这一言之无物的文风的深恶痛绝。对于如何在新闻工作当中避免党八股的出现，毛泽东曾于1955年写道："哪一年能使我们少看一点令人头痛的党八股呢？这就要求我们的报纸和刊物的编辑同志注意这件事，向作者提出写生动和通顺的文章的要求，并且自己动手帮作者修改文章。"③

在新闻言论自由方面，毛泽东认为新闻言论自由具有明确的阶级性。面对新中国成立后党内和国内出现的一些思想争论，毛泽东细致地划分了敌我矛盾和人民内部矛盾两种不同的矛盾类型，创造性地阐述了对待敌对势力的"舆论一律"原则和处理人民内部矛盾的"舆论不一律"原则的辩证思想。1955年，毛泽东撰文《驳"舆论一律"》，他这样阐述"舆论一律"的原则：（对待反动派）"只许他们规规矩矩，不许他们乱说乱动。这里不但舆论一律，而且法律也一律。"而关于人民内部矛盾的"不一律"，他说："在人民内部，允许先进的人们和落后的人们自由利用我们的报纸、刊物、讲坛等等去竞赛，以期由先进的人们以民主和说服的方法去教育落后的人们，克服落后的思想和制度。"④这一辩证思想比较具体清晰地阐明了毛泽东在面对两种不同类型的矛

---

① 《毛泽东文集》第2卷，北京：人民出版社1993年版，第409页。
② 《毛泽东文集》第6卷，北京：人民出版社1999年版，第255页。
③ 《毛泽东文集》第6卷，北京：人民出版社1999年版，第467页。
④ 《毛泽东年谱》（一九四九——一九七六）第二卷，北京：中央文献出版社2013年版，第390页。

盾时采取的不同态度，以及对不同阶级有着不同的言论自由的观点。抛开具体执行当中的失误不谈，这一观点本身是极具价值的。

（二）毛泽东的宣传思想

在党的工作与革命斗争当中，毛泽东不仅是一位出色的军事家、政治家，也是一位特点鲜明、手段精妙的宣传家。毛泽东的宣传思想指导着中国共产党赢得了最广大人民群众的拥护，指导着中国革命由胜利走向胜利，指导着社会主义建设一次次掀起高潮。毛泽东的宣传思想生发于中国特有的社会环境，并辩证吸收了马克思、恩格斯、列宁等社会主义运动的领导人的新闻宣传观念。毛泽东语境当中的宣传并不局限于新闻媒介，而是广义上的对党和革命队伍的正面形象的传播。他曾说："一个人只要他对别人讲话，他就是在做宣传工作。"[1]"对敌军的宣传，最有效的方法是释放俘虏和医治伤兵。"[2]土地革命时期，毛泽东负责起草红四军第九次代表大会决议，在这份决议当中，毛泽东一共提出了 18 种宣传的形式，包括了党报、宣传册、图画、标语、会议、谈话、行为等。同时，在毛泽东眼中，任何党的文化艺术工作者都是党的宣传员。

关于党进行政治宣传的目的，毛泽东提出了两条：其一是为了提高人民的思想认识水平、唤醒人民对中国革命的认知和对党的支持。他认为党的重点宣传对象应该是还没有接触过社会主义思想，还没有受到马克思主义感召的人群，特别是在以往革命当中被忽略的农民阶级。这一点实际上与毛泽东所提出的"农村包围城市"的革命战略具有内在一致性。同时，城市当中的知识分子和小资产阶级也是毛泽东注重争取的对象，但他注意到这类群体容易受到反动势力的蛊惑，因此要对其采取与对农民阶级不同的宣传策略。其二是为了团结所有可以团结的力量，获得各种不同势力对党的方针政策的支持，最大限度地孤立反动阶级，以争取中国革命的胜利。

毛泽东认为，党的宣传应当做到"从群众中来，到群众中去"。他用通俗的语言解释了这种方法，直接将"到群众中去"等同于"宣传"。他说："我们应该走到群众中间去，向群众学习，把他们的经验综合起来，成为更好的有

---

① 《毛泽东选集》第 3 卷，北京：人民出版社 1991 年版，第 838 页。

② 《毛泽东选集》第 1 卷，北京：人民出版社 1991 年版，第 67 页。

条理的道理和办法，然后再告诉群众(宣传)，并号召群众实行起来，解决群众的问题，使群众得到解放和幸福。"①由此可见，毛泽东十分关注宣传的人民性，始终秉持新闻宣传的人民史观，始终认为宣传应当是来源于人民并作用于人民的，应当是充满泥土气息的。

关于党的宣传的真实性问题，毛泽东认为，中国共产党的利益和中国人民的利益始终是高度一致的，因此，党不必也不应当向人民隐瞒自身的观点，更不应当回避那些不利的事实，党所进行的一切宣传都应当以真实为基础。毛泽东常常这样告诫全党："我们要在人民群众中间，广泛地进行宣传教育工作，使人民认识到中国的真实情况和动向，对于自己的力量具备信心。"②他反对在宣传时向人民呈现有利的一面，隐匿不利的一面，而是主张要对群众实话实说，不能避开在工作中面临的不利因素，只有这样才能真正获得人民的支持。这与美国社会学家霍夫兰的"双面说服"理论不谋而合。

第二节　马克思主义新闻观的时代化

一、新时代需要时代化的马克思主义新闻观作为指导

当今时代，人类生活的方方面面大都需要通过互联网来予以呈现。因此，互联网已经不再简单地是一种传播媒介，而是新型的社会组织方式。在互联网技术赋权之下，社会意见表达、社会关系、社会交往等都发生了不同程度的改变。这些改变推动着新闻传播的差异化、分众化。精准传播、融合传播、立体传播、互动传播的新方式推动着新闻传播的移动化、社交化、视频化，舆论形成的自发性、突发性、无界性等新特征对新闻传播的先发效应、引导功能、聚合能力提出了新挑战。③

新闻舆论工作正在受到国内环境变化的影响。在信息化变革过程中，传

---

① 《毛泽东选集》第3卷，北京：人民出版社1991年版，第933页。
② 《毛泽东选集》第4卷，北京：人民出版社1991年版，第1131页。
③ 罗昕：《习近平网络舆论观的思想来源、现实逻辑和贯彻路径》，《暨南学报(哲学社会科学版)》2017年第7期。

播载体的创新正促进各种信息资源的整合，它将信息服务、政府服务和社会服务整合起来，于是新闻舆论工作与国家治理的现代化关系日渐密切，这使得新闻舆论工作需要适应这些变化。此外，新闻舆论工作需要跟上信息化革命和传媒变革的步伐，顺应时代的发展潮流，关注受众的需求和反馈，加强内容创新和多元化，强化技术、管理、人才等各方面的建设，不断提高专业化水平和服务质量，以实现新闻舆论工作的可持续发展，而这离不开时代化的马克思主义新闻观在理念层面的指导。

中国逐渐走近国际社会的舞台中央，越来越多的国际社会关注点都集中在中国社会的发展上。在这样的背景下，国内新闻对外的溢出效应越来越显著，国际新闻舆论对中国的倒灌效应也逐渐凸显，使得新闻舆论工作的定位和形式发生着变化。[1] 同时，互联网传播速度和方式的变革，使得新闻舆论在国内国际双重环境下展开。因此，新闻舆论工作需要适应这些外部环境的变化，以更好地服务于中国的发展和国际交流。

新时代要求新闻舆论工作以时代化的马克思主义新闻观作为指导，坚持正确的舆论导向，扎实推进媒体融合，提高舆论传播的影响力、公信力和权威性，为实现中华民族伟大复兴和全球治理体系变革做出积极贡献。这样的新闻舆论工作，将会更好地服务于国家利益、社会需求和人民利益，也会更好地促进自身的发展和进步。

二、对马克思主义新闻观的继承和发展

马克思和恩格斯作为马克思主义新闻观的创立者，他们新闻观的主体与核心，是对无产阶级党报工作性质、地位及其工作原则等重大问题所阐述的一系列重要观点。[2] 马克思和恩格斯在他们的著作中没有直接提到过"党性原则"这一概念，但在他们的论证中有许多观点涉及此涵义。他们认为，就党的领导机构与党的报刊的一般关系而言，前者对后者具有领导与监督的职责，

13

---

① 殷陆君：《论习近平新闻舆论工作重要论述的原创性》，《中国记者》2021 年第 4 期。

② 郑保卫、张喆喆：《习近平新闻舆论观的思想精髓、理论来源与实践价值》，《新闻与写作》2019 年第 10 期。

党报党刊是党的旗帜，是党的思想武器与政治阵地，在特殊情况下，甚至还是表明党存在的唯一标志。党的领导机构有责任领导党的机关报刊，党的报刊应当按照党的精神进行工作，遵守党的纲领和策略原则。人民是创造历史的主体，"历史活动是群众的活动，随着历史活动的深入，必将是群众队伍的扩大"①。这一观点也体现在马克思的实践活动当中，在《关于新闻出版自由和公布省等级会议辩论情况的辩论》一文中，马克思提出"自由报刊的人民性"②论断；在与恩格斯主编《新莱茵报》时，更是明确强调了报刊应当是人民群众的喉舌的论断。

列宁继承、创新了马克思与恩格斯的新闻观，由于他的党务和国务活动与主要报刊的活动是一体的，因此他的新闻思想主要集中在党报思想方面。列宁是马克思主义经典作家中首提"党性原则"者。③ 党性，即全党的观念或意识，并非个人意识或小组意识，若一个人意识到自己是某党的成员，他的言行遵从党章和党的纲领，那便可以说明他是有党性的。列宁比较详细地论述了党的出版物的党性原则，根据他的论证，出版物的党性原则应当表现在：观念上，应当将党报和党刊视为整个无产阶级事业的一部分；组织上，党报管理者必须参加党的一个组织。列宁虽然没有使用过党报的"人民性"这一概念，但他的确遵从这一观点并进行了办报实践，在《党的组织和党的出版物》一文中，他将党的出版物和人民的关系概括成"为千千万万劳动人民"服务。

作为中国共产党的第一代领导者，毛泽东把办好报纸视为党的工作中一项不可小看的、有重大原则意义的事情。他认为要加强报纸对宣传党的方针政策的自觉性，要有强烈的党的机关报的意识，他强调"各地党报必须无条件地宣传中央的路线和政策"④。毛泽东为延安《解放日报》写下"深入群众，不尚空谈"的题词，希望报纸贴近人民群众，切实反映人民群众的实际生活，

---

① 《马克思恩格斯文集》第 1 卷，北京：人民出版社 2009 年版，第 287 页。

② 《马克思恩格斯全集》第 1 卷，北京：人民出版社 1995 年版，第 153 页。

③ 丁柏铨：《论列宁新闻思想的特色、内涵及启迪意义》，《现代传播（中国传媒大学学报）》2020 年第 7 期。

④ 中共中央文献研究室、新华通讯社编：《毛泽东新闻工作文选》，北京：新华出版社 1983 年版，第 156 页。

而不是报道那些脱离人民大众生活的内容。①"政治家办报"同样是毛泽东新闻观的核心观点，他认为党报党刊应当为全党以及全国的工作提供服务，保证党报党刊坚持党的纲领路线与方针政策，不偏离政治方向。

邓小平同志是中国共产党第二代领导集体的核心，他的新闻观主要集中在以下方面：大众媒体要成为全国安定团结的思想上的中心，这也是邓小平新闻和宣传思想的核心观点；党的报刊要无条件地宣传党的主张；新闻应当更多地宣传坚持四项基本原则的意义，重点纠正"左"的倾向。

江泽民同志是中国共产党第三代领导集体的核心，他在视察人民日报社时指出："党的新闻事业与党休戚与共，是党的生命的一部分。"②他还提出了著名的"福祸论"，认为舆论导向正确，是党和人民之福；舆论导向错误，是党和人民之祸。此外，江泽民首次提出并阐释了网上舆论的重要性，这是一个重大的理论创新，他指出："要高度重视互联网的舆论宣传，积极发展，充分运用，加强管理，趋利避害，不断增强网上宣传的影响力和战斗力，使之成为思想政治工作的新阵地，对外宣传的新渠道。"③

党的十二大后，胡锦涛同志作为全党的总书记，对新闻宣传工作提出了"五个必须"要求，而头一个必须就是"必须坚持党性原则"④。他还提出了"三贴近"的方针，组织新闻界进行"走转改"活动。此外，21世纪初，我国网民人数快速增长，胡锦涛同志针对这一情况，强调需要认识以互联网为代表的新兴媒体的社会影响力，具有前瞻性地提出了"加强网上思想舆论阵地建设，掌握网上舆论主导权，提高网上引导水平，讲求引导艺术，积极运用新技术，加大正面宣传力度，形成积极向上的主流舆论"⑤这一观点。

①　吕夏汀、许加彪：《毛泽东新闻思想群众观的基本内涵、理论解读与当代启示》，《传媒》2023年第6期。
②　《江泽民文选》第一卷，北京：人民出版社2006年版，第564页。
③　齐铁舰：《全国宣传部长会议在京召开　江泽民与出席会议同志座谈并作重要讲话》，《人民日报》2001年1月11日，第1版。
④　尹韵公：《论胡锦涛新闻思想的时代特征》，《新闻与传播研究》2008年第4期。
⑤　新华社：《胡锦涛在中共中央政治局第三十八次集体学习时强调 以创新的精神加强网络文化建设和管理 满足人民群众日益增长的精神文化需要》，《人民日报》2007年1月25日，第1版。

15

习近平的新闻观是中国化、时代化的马克思主义新闻观，具有深厚的马克思主义新闻观思想渊源。习近平总书记作为新时代党的领导核心，他在继承马克思主义经典作家和前几代中国共产党领导人新闻观的基础上，结合互联网时代传播领域的特征，就新闻工作提出了一系列的指导要求，尤其对于网络评论有重大的指导性意义。

(一) 网络评论的新特征

网络时代，评论呈现为多种样态，互联网为评论形式的创新提供了广阔的空间。评论者可以利用图文、短视频、直播等不同形式来丰富评论的表达方式，以吸引受众的注意力，提升传播效果。例如：各大媒体如观察者网、《半月谈》等纷纷推出了短视频新闻评论产品，以适应移动端用户的需求和偏好。这种视频化的趋势不仅丰富了评论的表达形式，也为内容创作者和用户提供了更加灵活的互动平台。

网络时代，评论的传播受到互联网技术的推动。评论已经不再受限于传统媒体的定时发布和版面要求，并且，这些评论可以随时进行审查与发表，因此，观点分享的即时性、观点获取的便利性使得其更加易于参与舆论引导的环节。互联网为网络评论的普及与评论内容、形式的创新发展提供了不可或缺的技术支持，如：搜索引擎技术可以帮助用户快速找到和筛选出新闻评论，同时也可以为评论平台提供更高的曝光率和流量；大数据技术可以通过数据挖掘分析，得出评论观点与新闻事件的关联性，从而更好地指导评论信息的编发和分析判断；个性化推荐技术可以根据用户的浏览历史、评价偏好等多维度信息，为用户推荐对其最有价值、最相关、最具吸引力的新闻评论。

网络时代，评论意见纷呈，莫衷一是。其间，既有发自众多网民的正能量意见，充分体现了民众的智慧、正义感和真性情，也有随大流、附和性的意见表达，还会存在各种混淆视听的错误意见。对此，我们应贯彻落实习近平总书记曾经提出的"红黑灰地带理论"："红色地带是我们的主阵地，一定要守住；黑色地带主要是负面的东西，要敢于亮剑，大大压缩其地盘；灰色地带要大张旗鼓争取，使其转化为红色地带。"①

---

① 习近平：《在全国党校工作会议上的讲话》，《求是》2016年第9期。

（二）马克思主义新闻观在网评领域呈现的新特征

1. 主流媒体网络评论着力抢占舆论主战场、制高点

根据中国互联网络信息中心（CNNIC）发布的第 51 次《中国互联网络发展状况统计报告》，截至 2022 年 12 月，我国的网民规模达到 10.67 亿，互联网普及率达到了 75.6%，互联网成为人们接触、发布信息的重要场所。习近平总书记在 2016 年就提出："要把网上舆论工作作为宣传思想工作的重中之重来抓。"①这一思想体现了马克思主义新闻观的时代化，对主流媒体的网络评论写作意义非凡。此外，与纸媒时代相比，互联网空间中舆论主体多元，新增的舆论主体诸如自媒体、境外媒体、商业媒体对传统时代主流媒体的主导地位发出了程度不一的挑战，它们的出现使得网络的舆论场更加复杂，时代化的马克思主义新闻观使得主流媒体着力抢占互联网舆论场的制高点。

因此，主流媒体的网络评论展示了强烈的抢占舆论主战场、制高点的意愿。主流媒体借助互联网平台的力量，能够更加便捷地获取大量的舆情信息，并且通过自身的社会影响力和话语权，掌控更多的关键信息，进而在新闻评论领域获得更大的影响力和话语权，对整个社会舆论的形成和发展产生深远的影响。

2. 主流媒体通过网络评论强化网上正面舆论引导

习近平总书记强调："加强网络内容建设，做强网上正面宣传，培育积极健康、向上向善的网络文化，用社会主义核心价值观和人类优秀文明成果滋养人心、滋养社会，做到正能量充沛、主旋律高昂，为广大网民特别是青少年营造一个风清气正的网络空间。"②

（1）主流媒体推动意识形态建设事业健康发展。习近平总书记强调意识形态工作是为国家立心、为民族立魂的工作。新闻舆论是意识形态工作的有效载体，主流媒体舆论引导的目标十分明确，即通过舆论引导，促进政治稳定、经济发展、社会进步、文化繁荣，推进国家有序发展。③ 在网络时代，

17

---

①　《习近平关于网络强国论述摘编》，北京：中央文献出版社 2021 年版，第 51 页。

②　习近平：《在网络安全和信息化工作座谈会上的讲话》，北京：人民出版社 2016 年版，第 9 页。

③　汲传排：《加强主流媒体舆论引导的思考》，《新闻与写作》2017 年第 5 期。

主流媒体将工作重点放在了互联网舆论场上。主流媒体通过网络评论巩固马克思主义在意识形态领域的指导地位，解读党政方针，继续宣传党和国家的重大战略思想，促进全国人民对党和国家新时代取得的成就增进了解，并增强对马克思主义、党和国家发展路线的认同。

（2）主流媒体把握互联网领域中舆论引导的"时度效"原则。这正是正面舆论引导的关键，也是主流媒体在发布网络评论时注重的参考因素。"时"，指及时性发布，在第一时间率先发布评论，实现"首因效应"。从传播心理学的观点来看，受众在接受媒体传递信息的过程当中，最易接受最先看到的信息，往往影响往后的心理活动，这便是所谓的"首因效应"，并且，通过多次实践，可以得出的结论是，信息发布及时性与舆论引导的效果呈正相关关系。"度"，指根据传播规律和传播情景，把握好传播的尺度和分寸，如：角度、温度、深度、广度，主流媒体目前正在努力解决"怎么说""怎么评"的问题。"效"，是指主流媒体发布网络评论的效果。主流媒体在网络评论中努力向群众喜闻乐见的表达形式迈进。在网络时代，时、度、效三者密切关联，有机统一，使正面舆论引导"润物细无声"。

（3）主流媒体借助新技术跨入融媒评论阶段并进行正面舆论引导。融媒评论属于即时性评论，在新闻事件发生不久后就能推出。例如，2022年6月10日，河北省唐山市烧烤店发生暴力事件，视频于16时在网上传播，2个小时后，《中国青年报》就在网络上发表了《查清唐山打人事件，决不向恶势力妥协》的文字评论，并且在其官方微博、微信公众号上进行了转发。当晚，《人民日报》《法治日报》《中国妇女报》等报纸都通过"两微一端"发表对此事的融媒评论。虽然《中国妇女报》的文字评论只有短短230个字，但态度鲜明，用语犀利，起到了非常出色的舆论引导作用，如，"希望当地司法机构持续发力，让敢于以身试法者受到严惩"，"如此猖狂，置法律于何地"等。

面对传播技术变革带来的机遇，主流媒体勇于担责，坚持站在时代最前沿，按照习近平总书记关于新闻工作的要求，接受新技术、应用新技术，不断提高其传播力、影响力、引导力和公信力，努力拓展新闻舆论版图中的

"红色地带"①。

3. 主流媒体网络评论凸显平民化特征

互联网传播规律要求主流媒体网络评论的风格凸显平民化特征。在特殊的历史条件下，我国的报纸评论写作经历过单向的自上而下的指令式灌输阶段。当代科技革命给媒介变革带来了"新世纪文化"，这种文化首先以媒介的逐步转型和新市民文化的逐步构建为标志。② 这样的文化内涵也影响到了网络评论领域，构建了主流媒体网络评论语言凸显平民化特征的时代语境。

互联网时代，主流媒体若要掌握新闻舆论的话语权、占领舆论高地，就必须坚持从群众中来，到群众中去的原则，贯彻党的群众路线，用群众可以接受的语言进行网络评论生产。习近平总书记强调："读者在哪里，受众在哪里，宣传报道的触角就要伸向哪里，宣传思想工作的着力点和落脚点就要放在哪里。"③因此，这也要求主流媒体网络评论的写作风格应脱离"假""大""空"，力求大众化、生活化，符合老百姓的接受能力、思维习惯与阅读兴趣。

不论是主题宣传类评论还是热点新闻类评论，最终目的都是完成观点的输出，实现"飞入寻常百姓家"的效果。基于此，主流媒体在创作评论作品时，通过具有较强感染力的文字去激发受众的情感共鸣，往往能让传播效果事半功倍。④ 以央视短视频评论节目《主播说联播》为例，其话题大多源自《新闻联播》的重点报道特别是重大时政报道、当天重大事件和热点新闻，但不同于《新闻联播》的表达方式，其用通俗语言传递主流声音、宣传主流价值。该节目从 2019 年 7 月 29 日推出至今，在网络上取得了不错的传播效

---

① 郑保卫、张喆喆：《习近平新闻舆论观的思想精髓、理论来源与实践价值》，《新闻与写作》2019 年第 10 期。

② 曾丽红：《浅析新闻评论的平民化趋势——以南方都市报"时评"版为例》，《新闻与写作》2004 年第 8 期。

③ 王士彬、安普忠：《习近平视察解放军报社，强调坚持军报姓党强军为本创新为要》，《解放军报》2016 年 12 月 26 日。

④ 刘欣、徐坤杰、张静宁：《主流媒体新闻评论的"突围"观察》，《全媒体探索》2022 年第 11 期。

果——在官方微信视频号、B 站、抖音、快手等平台受到了广泛好评与转载。借助《新闻联播》的 IP 使主流媒体在互联网舆论场增添了一个优质的拳头产品，凸显了当下主流媒体网络评论的平民化风格。

第三节　马克思主义新闻评论观面临的新挑战

一、人民性遭遇逐利性的挑战

习近平总书记在党的新闻舆论工作座谈会上强调，新闻舆论工作者要增强政治家办报意识，在围绕中心、服务大局中找准坐标定位，牢记社会责任，不断解决好"为了谁、依靠谁、我是谁"这个根本问题。人民群众是历史的创造者，这是历史唯物主义的根本性命题。马克思主义具有鲜明的人民立场。以人民为中心的发展思想是习近平新时代中国特色社会主义思想的核心理念，是对马克思主义人民观的继承和发展。新闻事业是全体人民共同的事业，马克思主义新闻评论观坚持人民性，高度重视人民群众在历史进程中的推动作用，坚持维护人民群众的利益，反映人民群众的呼声，满足人民群众的知情权，相信群众、依靠群众、联系群众，充分发挥群众的主动性、积极性和创造性。新闻评论要站稳人民立场，将落脚点放在人民身上。而当前，马克思主义新闻评论观的人民性遭到了意见主体异构化和意见市场逐利性的挑战。

(一)意见市场逐利性渗入

随着市场经济的发展，市场存在的自身弱点和消极因素，必然反映和进入到人们的精神生活中来，社会主义、集体主义、爱国主义受到新的挑战，拜金主义、享乐主义、极端个人主义在一定范围滋长蔓延，道德失范、唯利是图、低俗庸俗媚俗等行为现象屡屡突破公序良俗底线，对弘扬社会主流思想道德和价值观念产生消极影响。意见市场上，如果任由拜金主义等思想蔓延，不对道德失范等行为现象及时批评，就可能会对公众的思想造成混乱，干扰风清气正的意见生态。

(二)意见主体表达机会不均等

互联网时代，网络平台开放，意见表达从单向灌输转向双向对话，公共意见场域呈现多元态势。同时，由于互联网技术门槛的限制，个体虽然广泛参与到信息生产中，但无法平等地表达和传播意见，社交媒体平台上的博主、主播等拥有大量信息资源和巨大流量，信息传播能力强，他们甚至可以垄断话语权，控制舆论走向，有时还会主观臆断，颠倒黑白，将某些不实或有偏见的信息传播给普通群众，破坏公众对事实的正确认知，影响公众的判断和决策。而普通群众即便发表了有价值的言论，也很难引起广泛的关注，这无疑会打击其意见表达的积极性和创造性。

(三) 商业行为影响人民知情权

互联网是商业信息传播的主渠道之一，意见表达有时伴随着商业行为发生。部分企业、公司为了提升传播效果，牟取更多利益，有意散布虚假的广告营销信息并伪装成中立的"第三者"，故意误导公众。结果是，公众意见表达的参与度没有提高，自身知情权也受到了干扰。相比利益集团，公众拥有的信息源有限，获取的信息片面单一，信息不对称，在不了解事件真相的情况下，公众很可能被煽动和误导，无法做出准确的判断。

新闻评论是新闻舆论工作的重要内容。坚持马克思主义新闻评论观，就要坚持以人民为中心，把实现好、维护好、发展好最广大人民的根本利益作为出发点和落脚点，牢记社会责任，坚持团结稳定鼓劲，宣传党的主张，说出群众心声，结合互联网时代的新平台、新技术，以交流对话的方式传播真实信息、表达正确意见，尊重人民的知情权、话语权，丰富人民的精神世界，增强人民的精神力量。

二、意见表达主体单一性与多元性的论争

习近平总书记在全国网络安全和信息化工作会议上指出，网信事业发展必须贯彻以人民为中心的发展思想，把增进人民福祉作为信息化发展的出发点和落脚点，让人民群众在信息化发展中有更多获得感、幸福感、安全感。当前，单纯的新闻信息已经无法满足人民日益增长的高质量信息需求，意见表达主体也趋于多元，对坚持马克思主义新闻评论观提出了挑战。

(一) 信息传播渠道多元化

过去，新闻媒体的主要形式是电视、广播、报纸、杂志等传统媒体，

信息总量有限，输出速度慢，流量被时空限制，参与意见表达的主体较为有限。公众只能通过社区组织和论坛发表意见。现在，互联网和社交媒体提供了更加方便高效的信息传播方式。自媒体等新媒体的兴起，使每个人都有意见表达的平台，并且拥有图文、短视频等多种表达形式。新媒体、新技术正在重塑评论意见的生产权、分配权、传播权、话语权。随着新媒体快速发展和数字技术的运用，自媒体和自媒体从业者大量涌现，他们在信息、舆论、意见的生产及传播等方面的影响力越来越强，甚至传统媒体主导话语权已经转移到社交媒体身上。在"人人都有麦克风"的时代，想要意见得到传播，更需要塑造差异，让自己的"麦克风"与一般网络上的评论区别开来。

（二）即时表达

在信息传播速度加快的当下，公众很容易获知新闻，即刻通过网络平台表达意见，并且公众意见表达常常具有社群性质，每个人的观点都可以在社交媒体平台上得到流量和阅读量，影响着社会风气。这也要求新闻工作者始终坚持马克思主义新闻评论观，守好定盘星，提升自己意见表达的速度，抢占舆论主导地位。

（三）信息冗杂

过去，编辑和出版人起到把关作用，对新闻事件的报道和平衡性意识十分强烈，新闻来源也相对比较单一。而新媒体的信息获取渠道更加开放，公众可以自己收集、整理、创造和分享信息，使得评论员搜寻信息的渠道更加多元，同时也造成信息冗杂，有效信息难以挖掘，考验着评论员信息搜集和整合的能力。

三、虚假信息造成的干扰

马克思主义新闻观扎根于辩证唯物主义和历史唯物主义的哲学基础，"观念的东西不外是移入人头脑并在人的头脑中改造过的物质的东西而已"①。习近平总书记指出："真实性是新闻的生命。要根据事实来描述事

---

① 谢天武：《新媒体时代马克思主义新闻观的挑战、创新与发展》，《思想政治工作研究》2017 年第 6 期。

实，既准确报道个别事实，又从宏观上把握和反映事件或事物的全貌。"①新闻评论最基本的要求是基于新闻事实，根据事实来描述事实。当前虚假信息泛滥，冲击了新闻评论真实性原则，对评论员意见表达造成了干扰。

（一）信息海量

随着互联网的快速发展和普及，信息处理能力和存储能力提升，数据获取和传输能力增强，信息来源多样化，移动设备广泛使用，这些都促使信息呈现爆炸式增长。同时，互联网空间的扩张给虚假信息蔓延提供了可能。人们的评论、转发等行为使得更多受众进入虚假信息的传播圈，扩大了虚假信息的传播范围。

（二）信息传播成本低

传统媒体时代，报纸、广播、电视等媒体的信息传播成本很高，通常需要纸张或是相关播出设备，而现在，网络和移动通信的普及程度越来越高，社交媒体平台提供免费开发的媒介，更加满足了公众信息传播的需求，也提供了低成本信息生产和传播的可能。只要有终端和网络，就可以随时随地生产、传播信息。

（三）虚假信息传播的利益导向

虚假信息为了吸引眼球，往往会展示更独特的信息，满足公众猎奇心理，常常具有很强的接近性和冲击力。在利益的诱惑下，一些企业和个人为了吸引眼球，获取关注度、点击量和流量，丧失操守，制造和传播虚假信息。他们在追求短期私利的时候，可能会断章取义，散播谣言，把错误观点包装成事实真相进行传播，挑战公共利益，使得信息环境更加复杂。

（四）信息审核有待加强

信息审核是保证信息真实性、准确性的重要手段。当前，由于信息生成和流动的速度非常快，而信息审核相关人力资源不足，审核力量无法满足现实需要，使得信息审核难度加大。现有的文本分析和数据挖掘技术，虽已相对成熟，但在辨识图片和视频等非文本信息上，审核准确性仍有待提高。无论是技术手段还是人工审核，虚假信息仍可能利用人工审核或技术审核的漏

23

---

① 《习近平谈治国理政》第二卷，北京：外文出版社 2017 年版，第 333 页。

洞传播，对公众的知情权和舆论环境的公正性产生负面影响。总之，信息审核难以完全覆盖互联网的每一个角落，互联网时代需要更专业和更细致的审核机制。

虚假信息偏离了新闻事实，破坏新闻素材本身的可信度，影响公众对新闻事件的分析和理解，稍不注意，就可能形成不当甚至错误的观点。虚假信息的增加考验着评论员核查事实和全面挖掘事实的能力。

四、舆论阵地要求与新传播格局间的冲突

无产阶级的新闻媒体是党和政府的"喉舌"，这是马克思主义新闻观的客观要求。"喉舌观"也是马克思主义新闻评论观的重要内容。新闻媒体是舆论阵地，要服务于党的建设。评论员位于意识形态斗争的最前沿，要能在把握新闻真实的前提下，摒除错误观点影响，以正确的意见引导大众，促进社会发展。

（一）多元力量竞相发声

我国经济社会深刻变革、利益格局深刻调整，人们的思想更加活跃，独立性、选择性、多变性、差异性显著增强，各种思想相互杂陈、各种力量竞相发声成为常态。当前，人们对美好生活向往越加强烈，对公平、正义、民主、法治等诉求更加渴望，整个社会心态呈现出对现存政治制度、体制高度认同与对具体问题不满、担忧并存的基本态势，要防止后者演化为对前者的否定。①

这一情况也对马克思主义新闻评论观的实践提出新挑战。评论员需要调研，广泛深入理解多方观点，准确把握市场上不同观点的合理性和存在的问题，坚持正面宣传，把握主流，积极引导公众诉求。

（二）评论观点极化

习近平总书记指出："全媒体不断发展，出现了全程媒体、全息媒体、全员媒体、全效媒体，信息无处不在、无所不及、无人不用，导致舆论生态、媒体格局、传播方式发生深刻变化。"②当前，互联网的迅猛发展深刻改变着

---

① 唐爱军：《防范化解意识形态领域风险 坚定维护意识形态安全》，《中国党政干部论坛》2022 年第 7 期。

② 《习近平谈治国理政》第三卷，北京：人民出版社 2020 年版，第 317 页。

意见生产和传播方式，网络平台影响力越来越大，网络媒介的出现为民众扩散自己的声音提供了一种共享的、即时的沟通平台，打破了过去垂直的信息传播模式，转而形成平行网络化的信息互动呈现格局，使得每个人都成为信息传播的主体，带来了整个传播格局的巨大变化，① 形成了商业化、社会化的自媒体平台格局。然而，正由于社交媒体上的信息传播速度快，互联网技术赋权大众意见表达，面对具体的新闻事件，公众容易受到同一类人的观点影响，形成了类似的观点和立场，出现了"两极化""情绪化""先入为主"等现象，公众评论观点常常形成对立，造成意见表达的极化。公众表达时会认为自己的立场代表某种群体或利益，把政治、文化等不同方向的意见群体归纳成同质群体，这种偏见阻碍了对不同观点的理解和认知。

坚持马克思主义新闻评论观，要求评论员不能生产"大路货"，被极化的意见带偏，而需要挖掘新角度，提出"新观点"，引导公众舆论。

(三) 错误思想观点冒头

"随着新媒体快速发展，国际国内、线上线下、虚拟现实、体制外体制内等界限愈益模糊，构成了越来越复杂的大舆论场，更具有自发性、突发性、公开性、多元性、冲突性、匿名性、无界性、难控性等特点。"② 国际上，"西方敌对势力一直把我国发展壮大视为对西方价值观和制度模式的威胁，一刻也没有停止对我国进行意识形态渗透"③。当前，一些错误思想观点特别是西方"宪政民主"、新自由主义、历史虚无主义等仍然伺机冒头，妄图挑战马克思主义指导地位，攻击、否定党的领导和我国政治制度、发展道路，竭力争夺意识形态话语权。尽管这些错误思想观点在社会主流价值观导向下被遏制，但代表西方资产阶级利益的新闻价值观仍对社会产生很大影响，主流媒体主导作用受到冲击，主流声音也受到挤压。现在，意识形态领域诸多问题往往因网而生、因网而增加，许多错误思潮也都以网络为温床生成发酵，

25

① 谢天武：《新媒体时代马克思主义新闻观的挑战、创新与发展》，《思想政治工作研究》2017 年第 6 期。

② 中共中央文献研究室编：《习近平关于社会主义文化建设论述摘编》，北京：中央文献出版社 2017 年版，第 45 页。

③ 中共中央文献研究室编：《习近平关于社会主义文化建设论述摘编》，北京：中央文献出版社 2017 年版，第 53 页。

网络往往成为负面舆情发酵、错误思想传播的策源地和放大器，极大增加了舆论引导和内容管理的难度。①

　　坚持好马克思主义新闻评论观，就必须具备良好的政治素养和敏锐的洞察力，结合互联网思维，觉察意见市场上的不良导向，坚持正确价值观，及时做出评论。

第四节　马克思主义新闻评论观发展新趋势

　　在马克思主义新闻评论观的指引下，新闻评论家应该坚持为人民服务的原则，以人民为中心，关注人民群众的需求，通过评论引导公众正确思考和看待新闻事件，使得新闻评论成为公众的精神食粮，服务人民群众的切身利益。同时，新闻评论是反映政治、经济、文化和社会等各个方面现实状况的一面镜子，针对社会现实中存在的问题和矛盾进行批判和反思，引导社会正面发展，具有重要的服务社会发展的作用。在这种观念下，新闻评论家应该关注当前社会中存在的问题和矛盾，提出具有建设性和创新性的意见和建议，为社会发展和改革提供舆论支持和启示，以此推动社会进步和发展。

　　随着社会和媒体环境的变化，马克思主义新闻评论观也在不断发展和更新，以下是几个新的发展趋势。

一、加强理论创新

(一) 加强理论创新的内涵及意义

　　当前，随着新闻报道和传播形式的多样化，马克思主义新闻评论观也需要不断创新。新闻评论家应该加强理论创新，摒弃常规思维和陈旧观念，积极探索新的马克思主义新闻评论理论和实践。

　　加强新闻评论理论创新的原因是多方面的。首先，随着新技术的出现和传播方式的多样性，新闻报道和新闻评论受到了前所未有的冲击，而传统的

---

　　①　唐爱军：《防范化解意识形态领域风险 坚定维护意识形态安全》，《中国党政干部论坛》2022 年第 7 期。

理论框架可能无法完全适应新的环境要求。全球范围内理论和实践范式的转型带来了社会链接的重组与社会发展结构的重构，这就要求学界能够及时将实践中新的传播现象与经验概念化、范畴化、框架化并最终普遍化。同时，当今社会面临着各种新的社会矛盾和变化，为了更好地应对这些挑战，新闻评论家需要从深层次、广泛的角度加强理论研究和创新，更好地反映民意和社会现实。

其次，加强理论创新具有丰富的内涵。要深刻理解马克思主义新闻观的基本原理，如唯物史观、阶级斗争和人民群众观点，正确认识新的社会和媒体环境中的阶级和群体矛盾，并针对性地提出批判性的观点。要加强把握时代趋势，注意对环境、发展和未来走向等方面的分析和判断，为社会的进步和发展提供理论上的支持和指导，还要借鉴西方新闻理论和优秀新闻评论的经验，创新马克思主义新闻评论的理论方法和实践路径，不断推动新闻评论事业的发展。

在 2016 年党的新闻舆论工作会议上，习近平总书记指出："随着形势发展，党的新闻舆论工作必须创新理念、内容、体裁、形式、方法、手段、业态、体制、机制，增强针对性和实效性。要适应分众化、差异化传播趋势，加快构建舆论引导新格局。"①加强理论创新是马克思主义新闻评论事业发展的重要任务和目标，是适应新时代新发展的必然要求。只有在不断深化理论研究和创新的基础上，发挥思想创新的作用，才能更好地掌握新闻评论的方向，更好地为社会服务，同时也为新闻评论的高质量发展提供理论保障和依据。

(二)加强理论创新的方法途径

1. 推进理论研究，开展深度剖析

新闻评论家应该重视对当前社会和媒体环境的深入研究，加强对新闻报道所反映出的社会问题和矛盾的剖析，提出更为深刻的理论观点。针对不同的社会热点问题，新闻评论家可以从马克思主义新闻观的基本原理出发，寻求新的解决途径。

2. 关注社会现实和发展趋势，推动理论创新

新闻评论家需要时刻关注社会现实和发展趋势，进一步创新马克思主义

27

---

① 《习近平谈治国理政》第二卷，北京：外文出版社 2017 年版，第 333 页。

新闻评论的理论方法和实践路径，为社会的进步和发展提供理论上的支持和指导。新闻评论家可以采用宏观分析和微观评论相结合的方式，既注重对重大事件的深度剖析，又关注社会生活中细小的变化和矛盾，以此推动马克思主义新闻评论的理论创新。

3. 加强学术交流，汲取新的理论思想

学术界的交流和互动是理论创新的重要途径。新闻评论家可以通过自主研学或是参加学术研讨会、学科论坛等活动，与国内外其他学者和研究者进行交流互动，汲取新的理论思想，推动马克思主义新闻评论的发展。

4. 借鉴成功的实践经验，创造性地加以运用

借鉴优秀的新闻评论实践经验，发掘先进的理论和实践成果，加强总结和反思，积极采纳适合自己的部分，有创造性地运用到自己的理论创新中去，是马克思主义新闻评论创新的有益方式。

总之，加强理论创新是构建马克思主义新闻评论体系的重要环节。新闻评论家需要不断提升思想境界和理论素养，深入探究社会、媒体、文化等方面的发展变化，推出符合时代特点、贴近实际的理论创新，从而为新闻评论事业的发展提供理论支持和实践指导。

二、强化全球视野

（一）关注国际事务

随着国家的崛起和国际关系的日益复杂化，国际事务的影响力越来越大，各种复杂的国际热点问题层出不穷，新闻评论不应该仅局限于国内范畴。基于马克思主义新闻评论观指导的评论作品应该关注国际事务和全球化进程，把握国际形势的新变化，深入探讨国际热点问题和国际阶级斗争的发展趋势。

随着全球化、网络化和信息化的发展，各国之间的联系日益紧密，国际事务对于每个国家和个人都具有重要的影响力。在这种情况下，加强对国际事务的关注，可以及时了解世界的发展动态和变化趋势，提高处理国际问题的能力，为应对国际形势的变化和国际热点问题提供帮助。

加强对国际事务的关注，是马克思主义新闻评论事业发展的重要任务和方向。新闻评论家需要不断提高自己的国际视野和认知水平，关注国际热点

事件和问题，深入分析国际形势和发展趋势，秉持客观公正的态度，为实现国家和人类的发展进步做出贡献。

（二）强化国际视野的方法与途径

1. 加强国际新闻报道

在媒体的话语权、传播方式和传播渠道日益全球化的情况下，新闻报道应该更加关注国际事务和全球热点事件，及时传递国际新闻信息。基于新闻报道的评论作品需要将本国的现实、环境与全球的政治、经济、文化联系起来，让新闻读者更好地了解国际事务的进展和变化，提高社会公众的国际视野。

2. 拓宽研究范围，关注国际问题

新闻评论家应该拓宽研究范围，结合当今国际社会的重大问题和热点事件，对有影响的国际问题进行系统、深入、全面的分析和解读，避免出现评论失当的情况。此外，还需要对世界各国的经济、政治、文化情况进行深入了解和研究，并结合本国国情，发表具有思想深度和现实意义的评论。

3. 推进国际交流与合作

互联网及交通设施的发展消弭了国家以及人民之间交流合作在时空上的限制。新闻评论家可以主动参与国际性交流，加强国际组织之间的合作，深度参与国际学术交流，通过分享、交流、对话和碰撞，借鉴国际先进理念与经验，推动马克思主义新闻评论事业的国际化发展。

关注国际事务是马克思主义新闻评论事业发展的重要任务。习近平总书记在 2018 年全国宣传思想工作会议上强调："做好新形势下宣传思想工作，必须自觉承担起举旗帜、聚民心、育新人、兴文化、展形象的使命任务。"[①] 展形象，就是要推进国际传播能力建设，讲好中国故事、传播好中国声音，向世界展现真实、立体、全面的中国，提高国家文化软实力和中华文化影响力。新闻评论家应该主动加强对国际事务的关注，用国际化的视角不断拓展研究方法，提高讨论的深度、广度和高度，不断探索和创新，为促进新闻评论的发展以及讲好中国故事，促进世界和平、发展、繁荣做出积极的贡献。

29

---

① 《习近平谈治国理政》第三卷，北京：外文出版社 2020 年版，第 312 页。

三、加强数据分析

(一) 加强数据分析

加强数据分析是当前新闻评论工作中不可或缺的一项要求和趋势。随着信息化技术的发展和普及，数据分析和呈现已经成为新闻评论的重要手段。数据分析可以更全面、深入地掌握文章的有效性和广泛性，发现新闻评论中具有挖掘性的观察点，使新闻评论更加生动、具体，增加读者的阅读感受。马克思主义新闻评论观要求评论家加强数据分析能力，更好地把握事实真相和发展趋势。同时，要注意数据保护和数据安全问题，避免因滥用数据对个人和社会造成危害。

新闻事件背后的真相往往大有乾坤，涉及多个层面和方面，新闻评论家要加强数据分析，通过各种渠道获取相关数据，对新闻事件进行全面、深度的挖掘，揭示事件的多个层面含义，强化新闻评论的核心观点和结论，达到更高、更广的传播效果。同时，在进行数据分析的过程中，新闻评论家需要对新闻事件中的相关资料进行科学的分析、研究。一些新闻资料的真实性可能存疑，例如谣言或故意编造的假新闻，新闻评论家需要通过数据分析来确定事件的真实情况，以避免错误或肤浅的评论，保护受众的权益和社会公共安全。

数据分析不仅可以为新闻评论家提供新闻事件的统计数据，还可以整合读者对新闻事件的反馈和意见，帮助新闻评论家更好地掌握了解读者的想法和需求，及时进行调整和反馈，增加新闻评论的针对性和实效性。随着新媒体的兴起，数据分析在新闻评论行业的应用价值也越来越明显。新闻评论家要学习新媒体平台的最新技术和工具，积极探索数据在新媒体平台上的应用形式，创造新的表达方式，以提高新闻评论的适应性和艺术性。例如，通过图表等方式，可更直观地表现出新闻事件数据的发展趋势，使用户在阅读新闻评论时更为轻松、易懂。

(二) 加强数据分析的方法途径

1. 加强对新闻事件的研究和分析

在对新闻事件进行评论之前，新闻评论家应该对相关新闻资料进行深入的调研和了解，从多角度、多方面进行分析和对比，以便更加全面、客观地解读和评价事件。

2. 整合多个数据来源

新闻评论家应该通过整合多个数据来源，比如各大门户网站、社交媒体以及官方公告等，把握事件的实际情况和用户需求。此外，新闻评论家也可以充分利用搜索引擎和专业数据分析工具对相关数据进行深入挖掘。

3. 结合新媒体平台，探索数据分析的应用形式

新闻评论家可以结合新媒体平台的优势，使用各种数据可视化工具，比如表格、直观的柱状图等，为读者呈现更加易于理解的数据信息。同时，也可以尝试结合新媒体平台的特点，利用一些音视频工具和技术，为读者提供更直观、更生动的信息体验。此外，积极关注读者的反馈和意见，并根据读者的反馈进行相应的修正和调整，以便达到更好的传播效果，提高读者满意度。

4. 不断学习和研究新的数据分析方法和工具

随着科技不断发展和进步，新型的数据分析工具和方法层出不穷，新闻评论家应该不断进行研究和学习，并深入掌握如 Python 计算机语言、SPSS 分析软件等新的数据分析方法和工具，以便更好地发掘新闻事件的更多维度和层面，提高新闻评论的价值和质量。

总之，加强数据分析，新闻评论家需要具备扎实的数据分析能力，而这需要不断地积累和学习。结合新媒体平台的特点和优势，利用各种数据分析工具和方法，通过科学的数据分析，新闻评论可以更加全面深入地揭示新闻事件的特点和内涵，为读者提供更具价值和可靠性的评论和观点，从而提高新闻评论对于传媒发展和社会进步的推动作用，真正实现马克思主义新闻观对于新闻评论的要求。

四、推动媒体融合

(一) 媒体融合的内涵及意义

媒体融合是指不同媒体(包括传统媒体和新兴媒体)之间的技术、内容和业务融合，以此提升传媒竞争力和创新能力，为人们带来更多更新的信息和

31

服务。推动媒体融合的原因主要是信息技术的快速发展和互联网的兴起。互联网的出现不仅仅影响信息的渠道问题，更影响传统媒体产业的生产方式和传播方式，它改变了传统媒体产业的组织结构和市场竞争模式，同时也为传媒产业带来了前所未有的机遇。

2019 年 1 月 25 日，中共中央政治局在人民日报社就全媒体时代和媒体融合发展举行第十二次集体学习。在本次学习中，习近平总书记发表了重要讲话。他强调："全媒体不断发展，出现了全程媒体、全息媒体、全员媒体、全效媒体，信息无处不在、无所不及、无人不用，导致舆论生态、媒体格局、传播方式发生深刻变化，新闻舆论工作面临新的挑战……做到因势而谋、应势而动、顺势而为。我们要加快推动媒体融合发展，使主流媒体具有强大传播力、引导力、影响力、公信力，形成网上网下同心圆，使全体人民在理想信念、价值理念、道德观念上紧紧团结在一起，让正能量更强劲、主旋律更高昂。"①可以看出，推动媒体融合是新时代传媒行业的重要任务和要求，对于提升传媒产业的发展水平，促进行业转型升级和现代化转型都有着极其重要的意义，对于以马克思主义新闻观为指导的新闻评论创作也有着重大意义。在媒体融合背景下，新闻评论需要不断发挥引导舆论、引领趋势、传播声音的作用，并且将传统媒体和新媒体有机地结合，构建一体化传媒平台，提供更智能、更专业、更高效的新闻评论服务，扩大传媒产业的市场空间和影响力，推动传媒产业的全面发展。

通过媒体融合，不同媒体之间可以进行交流和整合信息，以合作共赢的方式提高信息资源利用效率，共同制作出高品质的新闻产品和服务，还可以拓展传统媒体的传播渠道和报道范围，加强内容的创新和整合，提升新闻报道的时效性、话语权和传播力，从而为传媒产业升级和提升创新能力提供支撑。同时，媒体融合加速了传媒产业的数字化和网络化，提升了传媒产业的现代化水平，推动传媒技术向更加先进的方向快速发展，使得传媒产业更加高效、智能，更好地服务于人民，推动社会更快更好地发展进步。

在多媒体和跨平台的背景下，马克思主义新闻评论观需要推动媒体融合，形成更加立体化、多元化的新闻评论模式。新闻评论家应该发挥多媒体传播

---

① 《习近平谈治国理政》第三卷，北京：外文出版社 2020 年版，第 317 页。

的优势，借助互联网和移动设备，实现新闻评论的影响力和传播效果最大化。

(二) 推动媒体融合的方法途径

1. 提升技术创新能力，加强资源整合能力建设

具体包括：建立完善的技术体系，掌握前沿技术的发展方向和趋势，提升技术应用能力；加强技术与市场研究，从市场需求出发不断探索新的技术方向和应用方式，提高技术创新的成功率；建立资源整合和共享的制度及专业团队，完善数据平台建设，进行资源共享，进一步提升媒体融合的可操作性。

2. 改革机制、推动发展，夯实跨界合作格局

鼓励各类主流媒体主动融合，积极开展跨业务、跨平台、跨区域等多方面合作，增强传统媒体的数字化能力；进一步深化传媒理念转型，建立新型媒体发展机制，积极引进国际先进经验，推动媒体融合发展进入快车道，夯实中国向世界传播的基础。

3. 建立利益共享机制

增加对创新媒体、新兴媒体等的支持，营造更加公正、公平、有活力的发展环境，鼓励媒体间进行利益共享、业务整合，实现更加高效、便利的媒体融合。

4. 做好顶层设计，打造新型传播平台

要坚持一体化发展方向，通过流程优化、平台再造，实现各种媒介资源、生产要素有效整合，实现信息内容、技术应用、平台终端、管理手段共融互通，催化融合质变，放大一体效能，打造一批具有强大影响力、竞争力的新型主流媒体。

马克思主义新闻评论观在日益变化的媒体环境中需要保持敏锐的洞察力和创新的精神，不断寻求新的发展方向和路径，切实发挥舆论引导的作用。

第五节　马克思主义新闻评论观发展新要求

由于网络新闻评论不同于传统新闻评论的众多特点，马克思主义新闻观也对网络新闻评论提出了新要求。这些要求既是网络新闻评论写作的指导规

33

范，也是对网络新闻评论员的现实要求。

一、把真实性始终作为最基本要求

马克思主义唯物论告诉我们，新闻的本源是真实，新闻是对客观实在的事实的反映，先有事实，后有新闻；事实是第一性的，新闻是第二性的。所以，真实性依然是对网络新闻评论的最基本要求。

而在人人传播的"后真相"时代，互联网对网络新闻评论真实性的要求也不同于传统评论。社交媒体使传统媒体对于新闻传播渠道的垄断权得以消解，从而产生了新的媒体生态。媒介技术的发展，既促成了多元主体共存的新闻生态，也导致大量虚假信息以更快速度传播、更广范围抵达。多元主体共存的新媒体生态推动了更广泛的信息传播，也让虚假信息迅速传播和泛滥，这无疑对网络新闻评论的真实性提出了更高的要求。

(一) 深入调查和准确报道

网络新闻评论应加强新闻调查力度，实地采访获取相关数据和信息，确保评论内容的准确性和真实性。同时，评论者也要避免以偏概全或者主观臆断的做法，要坚持客观、公正、事实准确的原则。

(二) 重视来自政府、官媒的信息

这些信源具有较高的权威性和可信度，所发布的信息通常是真实准确的，符合社会公众对于信息真实性和客观性的要求，避免大量不实信息的产生和流传。由于官方机构的权威性，媒体所出台的报道也可以获得更广泛的社会认同和信任。

(三) 多样化的信息来源

评论者可以从多个渠道来源获取信息，多方面、多来源的信息能够互相印证，并进行对比、筛选，这样可以大幅降低信息的误导性、不准确性。同时，了解来自不同方面的观点，可帮助读者思考问题的角度呈现多元化。多样的信源可以提高网络新闻评论的真实性和客观性。

(四) 用户评论和互动机制的引入

新闻机构在发布新闻时可以增加用户评论和互动机制，让更多读者参与评论。由于用户评论的开放性和广泛性，这样的互动机制可以帮助报道

中发生错误或存在不实信息的部分得到纠正，有助于提高新闻报道的准确性和客观性。

(五)微观真实和宏观真实的有机统一

要想全面、完整、深刻地反映社会和时代的总体面貌及本质内涵，网络新闻评论应把局部的、现象的、微观的真实与整体的、本质的、宏观的真实完美地结合起来，如此，新闻作为一种社会意识形态的功能才算真正实现。①

二、坚持党性和人民性的统一

党性是阶级性的最高表现形式，也是政党根本性质最集中的体现；人民性是人民利益和意志的最高表现形式。网络新闻评论作为观点鲜明、现实针对性强的新闻载体，尤其要坚持党性和人民性的统一，在评论生产实践中落实马克思主义的党性观、人民观和群众观。切记不可将党性和人民性相割裂，应正确认识党性和人民性的辩证统一关系。

(一)党媒姓党，发挥党的政治引领作用

网络新闻评论应坚持党性原则，自觉接受和服从党的领导，在思想上政治上组织上与党中央保持一致。网络新闻评论要发挥先进性，为广大人民群众树立正确的思想观念和行为规范，引导人民群众树立正确的世界观、人生观、价值观。以"正能量+大流量"更好地鼓舞大众。②

(二)关注基层群众，密切联系人民群众

网络新闻评论必须遵行"三贴近"原则，开展"走转改"活动，"三贴近"核心是"贴近群众"，"走转改"首要是"走基层"。网络新闻评论员应始终与人民群众同呼吸、共命运，充分关注人民群众的需要，倾听他们的声音，在评论中发现和反映他们的困难，探寻提高生活质量的途径。切不可做高高在上的"理中客"，或是做不带感情的说理机器。

35

---

① 郑保卫主编：《马克思主义新闻观十二讲》，北京：高等教育出版社 2019 年版，第 127 页。

② 李海燕：《守正创新，在党性和人民性相统一中推进新闻舆论工作》，《新闻战线》2023 年第 4 期。

（三）立足社会责任与行业规范

网络新闻评论必须牢记社会责任，遵守行业规范，并且在落实行业规范时，积极拓宽思路，创新评论方式，更好地履行社会责任，同时采用职业规范和职业道德要求来约束自己，为丰富社会、服务人民贡献力量。

（四）理解党性和人民性的内在一致性

中国共产党始终代表最广大人民群众的根本利益，全心全意为人民服务是党的宗旨；中国人民应始终坚持中国共产党的领导。所以网络新闻评论写作过程中要站在全党立场上、站在全休人民立场上，才能理解党性和人民的内在一致性，真正把握好党性和人民性的统一。

三、引领正确舆论导向

网络和新兴媒体正在建构全新的信息传播环境，对舆论环境产生了直接和深刻的影响。先进技术的推动促进了传统媒体和新兴媒体的深度融合，这种融合与转型是提升舆论引导力的重要途径。这种转型和融合能够被用来助推新闻舆论工作，同时也深刻地改变着现有舆论格局和话语格局。

（一）主动设置议程

通过新闻媒体的"议程设置"功能，可以在新闻事件及其他报道中设置某些议题来吸引受众注意，进而影响其思想倾向和行为方向，作为观点鲜明的网络新闻评论尤为如是。网络新闻评论应当主动设置议程，及时回应社会关切，防止舆论导向不可控的流言，在流言产生之前抢先占领舆论阵地，从而做到变被动为主动。

（二）准确研判舆情

"舆情"是舆论产生前的情势和状态，网络新闻评论写作时应当对突发性事件可能产生的舆论和舆论走向及时做出判断，并以此指导评论写作。做到实事求是、及时疏导、回应群众关切，避免和防止"舆论危机"的发生。

（三）落实把关责任

网络新闻评论各级媒体和工作人员应当加强行业自律，落实"把关人"主体责任。加强对评论的审核和监管，建立严格的审核机制和责任制，对发现不准确、不实、不合法的评论给予删除、修改、追责等处理，严禁篡改报道和评论内容。

(四)保障网络安全

"没有网络安全就没有国家安全。"①当互联网成为舆论斗争的主战场时，能否打赢这个主战场，直接关系到意识形态安全和政权安全，我们必须掌握这个主战场的主动权，不能被边缘化。②

四、坚持正面宣传为主

正面宣传是我国新闻宣传工作中一种有效的传播方式，也是中国共产党新闻工作的基本方针。中国现代宣传话语的产生，与中国先进知识分子追求国家独立与富强的目标、不断唤醒民众的过程息息相关，宣传既是现代化的结果，也是现代化的推动力量。③ 网络新闻评论应做好正面宣传，弘扬主旋律，传播正能量。

(一)选题要立意高远

网络新闻评论者应立于时代高度、运用时代眼光、把握时代脉搏，选取符合时代精神、能够回答时代难题、回应社会关切和群众期待的题材。网络新闻评论当然要发挥社会瞭望塔的作用，但可以从提建议、作展望的角度出发，多关注社会生活中的热点事件。

(二)人说话、说人话

网络新闻评论应该从"说教式"转向"生活化"，用朴实无华、简单易懂的语言叙述事实，表达观点，阐明道理。评论者应该作为一个活生生的人面对读者，而不单单只作思想理论的生硬演绎。

(三)选题贴近大众生活

网络新闻评论者应从生活出发看现实社会问题，避免"假大空"式的宣传。选题要回到大众生活中，关注百姓生活诉求，关注读者的需求和兴趣点，

37

---

① 《习近平谈治国理政》第三卷，北京：外文出版社 2020 年版，第 317 页。
② 罗昕：《习近平网络舆论观的思想来源、现实逻辑和贯彻路径》，《暨南学报(哲学社会科学版)》2017 年第 7 期。
③ 刘海龙：《宣传：观念、话语及其正当化》，北京：中国大百科全书出版社 2013 年版，第 31 页。

关注生活中的实际问题，选择那些能够引起读者关注的话题，应始终面对读者，调动大众参与。

(四)实现正面宣传和舆论监督的有机统一

舆论监督的目的是纠正错误、改进工作，促进各项事业的发展和进步，尽管舆论监督大多涉及负面问题，但其出发点和落脚点是积极的。所以网络新闻评论员要认识到正面宣传和舆论监督在本质上是统一的，在批评监督时应当选取合适的表达方式。①

五、坚持民族性与开放性的协同

网络新闻评论既要尊重传统文化和价值观，也要持开放心态，包容多元文化和观点；既要弘扬爱国主义和民族自豪感，又不能落入民粹主义的窠臼。应当做到民族性和开放性的协同，致力于建立和谐、包容的网络社会氛围。②

(一)对内强化爱国主义精神教育

网络新闻评论的目的是团结全国各族人民，积极培育和践行社会主义核心价值观；坚持中国共产党的领导，凝聚中华民族精神，唤起读者的责任感和使命感，勠力同心共同为实现中华民族伟大复兴的中国梦而奋斗。

(二)对外开放包容，推广多元文化

网络新闻评论应该追求开放的心态，理解和包容其他国家、其他民族的文化特色和观点，推广多元文化和社会进步。评论应该遵循理智、中立和客观原则，不应该把自己的文化观点贬低或者强加在其他国家或文化上。坚持和平发展合作共赢，弘扬中华优秀传统文化，让世界更好了解中国，塑造国家形象，提升国际话语权是网络新闻评论者的职责之一。

(三)抵制狭隘的民族主义

在评论其他国家的时候，应当以客观、公正、中立的态度出发，尊重这些国家和人民的习惯，推进有建设性的沟通和合作。

---

① 郑保卫主编：《马克思主义新闻观十二讲》，北京：高等教育出版社 2019 年版，第 111 页。

② 尤红：《习近平对"舆论导向/舆论引导"论的创新发展》，《当代传播》2022 年第 5 期。

六、讲好中国故事，传播中国声音

随着移动互联网技术的普及和社交媒体影响力的与日俱增，我们进入了一个"全球、全民、全媒"的时代，即新闻传播呈现出"全球一体化、全民同参与、全媒体运行"的特征。① 在这个时代，如何提升国际视野、把握话语权、塑造良好的国际舆论环境，同时注重传播艺术，创新传播方式，传递中华文化和故事，提升国际传播影响力，是网络新闻评论创作过程中应当考虑的问题。

(一)传递中国正面形象

在评论中，应向国外读者详细介绍中国的历史文化、民俗风情、先进科技等方面的内容，提升中国在国际社会的知名度，推动更多的国际交流和合作机会。

(二)进行多元声音的传播

在评论中应传递不同群体、不同出发点和角度的呼声，充分传达中国人民的声音和情感，传递更多的社会价值和意义。

(三)把握受众心理，因地制宜

在评论中应根据不同的国情、文化和传统，讲述中国的发展历程、文化特色和社会变迁，从而让更多的人理解中国、认同中国、关心中国，打造有利于中国的国际舆论环境。

(四)转变视角，创新话语体系

从"中国梦""中国道路"到"中国方案"，从"一带一路"到"命运共同体"，我们应该采用源于中国、属于世界的概念、范畴和语言来描述和阐释中国，同时使用体现中国视角、对接世界认知的概念、范畴和话语来分析和讲述世界，这样才能建立中国的叙述方式和分析框架。我们应当从中国的现实出发，构建关于中国历史的叙述，同时以中国的立场刻画当代中国人眼中的世界。

39

七、主动利用新技术创新传播方式和手段

随着新技术的不断发展和创新，网络新闻评论在利用传统文字评论的同

---

① 郑保卫主编：《马克思主义新闻观十二讲》，北京：高等教育出版社 2019 年版，第 183 页。

时，应该注重利用视频评论、漫画评论、数据评论等新方式，拓展社交媒体等新平台，创新评论方式和手段，提高传播效率和效果。

（一）社交媒体

社交媒体是一种非常有影响力的网络传播方式，它可以迅速传播评论和文章，甚至成为全球性的舆论引导力量。网络新闻评论员可以在社交媒体上建立个人号、机构号或专家号，与读者互动，发布相关信息，并利用社交媒体平台和其他新媒体相互链接，提高传播效率。

（二）数据可视化

数据可视化是一种以图形和图表等方式来展示数据的方法。网络新闻评论员可以利用数据可视化来展示复杂的数据和信息，提高文章的可读性和可理解性。通过图形的展示，读者可以更轻松地理解文章的主题和观点，从而加深对文章的认识，更好地理解评论者的想法。

（三）虚拟现实和增强现实

虚拟现实和增强现实是新兴的技术，可以让读者获得更加真实、沉浸式的阅读体验。网络新闻评论员可以利用虚拟现实和增强现实等技术来制作虚拟的阅读空间，让读者感受到更加真实的环境，增强阅读的乐趣和体验。

八、遵循新闻伦理法治和道德规范

新媒体时代由技术变革引发生产关系变化，这会对原有体系架构形成冲击和挑战，在当下复杂的传播环境中，新闻工作者需要将马克思主义新闻观与实际情况紧密结合，防止新闻伦理失范，积极推动新闻工作的开展。①

（一）遵守公正原则，承担社会责任

网络新闻评论应当遵守公正原则，完整和全面地呈现各类权利人的利益以及相关的观点和意见。网络新闻评论应当意识到自己的社会责任，关注公共利益和社会责任，尊重他人权利，不得诽谤、侮辱或攻击他人，特别是不得对弱势群体进行歧视和攻击。

---

① 薛强、黄纽莘：《从马克思主义新闻观看新媒介环境下新闻伦理的失范与重建》，《新闻潮》2019 年第 12 期。

(二)遵守法律法规

网络新闻评论应当遵守国家法律法规,不得发布敏感内容、涉及国家安全的内容,发表虚假言论,或者通过网络进攻、报复、侵犯个人隐私或者损害社会公共利益。

(三)遵循道德规范

网络新闻评论应当遵守道德规范和伦理标准,不损害他人的利益,不做道德败坏的事情,远离不当行为。

九、兼顾专业化知识和通俗化表达

网络新闻评论欲在互联网引发的信息爆炸中取得差异化优势,不能只依靠观点意见表达,还必须有专业知识背书,这里的专业知识不单单指新闻专业主义,而是网络新闻评论员应该具备评论相关领域的专业素养、学识水平和评论能力,以确保评论的客观性、科学性和权威性;同时施加通俗化的语言表达,让人们能听懂、愿意听。

(一)评论者加强自身专业素养

网络新闻评论者需要不断地学习新闻评论理论知识和热点事件的相关背景知识,认真阅读各类书籍、期刊、学术论文等相关资料,以提高自身的专业技能和素养。

(二)以科普为基础,以解决问题为导向

网络新闻评论者需要在评论里加入一定的科普知识,让公众对事件有更深入的理解和认识,也能让他们更好地参与到讨论当中。网络新闻评论应当提供解决问题或者提出改进的方案和建议,通过专业性和科普性的陈述,使公众认识到问题的存在,并结合实际情况提供解决和改善的方案和建议。

(三)简洁性与准确性并重

网络新闻评论需要使用通俗易懂的语言,尽可能简洁明了地表达观点,以便更多的人能够听懂和接受。虽然要通俗化表达,但专业知识不能降低准确性和权威性。网络新闻评论者应该保证所发表的评论信息准确、可靠,避免不实言论对公众造成不好的影响。

第二讲　网络时事评论理论与方法

时事评论历来属于评论题材中相对"坚硬"的一块，称得上"重器"，有其特别的政治要求、品质要求。在网络时代，时事评论呈现新特征、面临新挑战、彰显新价值，因此，应该积极探讨其融合创新发展路径。

第一节　网络时事评论的新特征

时事评论是人们针对新近发生的事实所发表的言论的总和。随着互联网的普及，网络时事评论应运而生。关于网络时事评论的定义，从评论文本完整度出发，有两种解释，一种观点认为与传统纸媒评论类似，发表于网站等平台上、逻辑结构完整的评论文章可称为网络时事评论，另一种观点则将评论内涵范围扩大，认为网络中的观点性意见、言论也可归为评论。彭兰教授认为："网络时事评论是在网络媒体上就新闻事件或当前事态发表的评价性意见。"①整体来讲，网络时事评论广义上包含用户的反馈，狭义上则更多指主流媒体或专业人士对时事的解读。不论哪种定义，网络时事评论本质上是传统媒体时期新闻时评在互联网时代的新形式，是新闻评论的一种形式。相较于传统媒体时代的时事评论，网络时事评论呈现出诸多新特点。

一、视听多样化，融媒体助力内容表达

一方面，网络时评作为新闻时评在互联网场域的迭代和延伸，具有快速回应群众关切、精准解读时事热点、树立正确价值观、促进社会和谐稳定等

---

① 姚洪磊：《优秀网络评论文本解析》，北京：中国传媒大学出版社 2021 年版，第 51 页。

方面的作用，因此也具有政治性和严肃性的主基调；另一方面，由于融媒体技术的飞速发展，网络时评同时也具备了更加丰富的视听呈现形式，在内容表达上手段更加多元化。

以山西新闻网的《黄土风时评》栏目为例，以往该栏目的整体风格比较严肃，多为传统的文字论述，文章阅读略显单调、枯燥。为了吸引年轻读者的注意力，适应网络环境的改变，《黄土风时评》借助融媒体传播手段，丰富传播形式，在网站设计上，使用超链接功能，实现信息页面的转换。每篇评论文章页面右侧都配有今日热点、视觉志、今日热播、融媒专题、微解读等五个栏目，每个栏目下都会以图片的形式呈现当日重要信息，读者可以随时从当前评论页面转移到其他栏目页面，及时获取相关信息。① 除了在文字、图片、视频等多媒体元素的使用上下功夫外，《黄土风时评》还结合当前年轻用户喜爱观看短视频的特征，综合运用"文字+图片""文字+短视频""文字+动画"的形式。

除此之外，《新华日报》的《漫说快评》专栏开创了以"漫画+简评"为主的时评形式，这种创新性的表达深受读者的喜爱和认可。《漫说快评》从小切口深入发掘，阐发事件背后的根本原因，发人深思，更多的创作重心由"文字"转移到了"图画"上，将不良现象、社会热点等内容创作成漫画，配以"一句话"或"对话式"的犀利总结。② 例如，在 2023 年 4 月的一期"漫说快评"中，《新华日报》以破坏自然环境的不文明现象为主题，创作了一幅题为《带娃"挖矿寻宝"，亲近自然还是破坏环境?》的漫画。画中的孩子用锄头刨挖公园内植被，而在一旁的家长不仅默许而且还拍下了孩子"劳动"的图片，发文赞叹孩子亲近自然的行为。这一选题既回应了社会热点，也引发了社会大众的反思。带孩子走进自然，虽然可以开阔孩子的视野，但是以损坏植被、破坏环境为代价的"挖矿寻宝"，不是亲近自然，而是破坏自然。一幅漫画引发了社会公众和公共旅游机构的双向反思，有效设置了值得思考的社会议题。原文

43

---

① 张代鉴：《网络新闻时评的特征与价值导向——以山西新闻网黄土风时评栏目为例》，《新闻世界》2022 年第 8 期，第 50~54 页。

② 徐宁：《漫画传播与时事评论的创新结合——以〈新华日报·漫说快评〉专栏为例》，《传媒》2021 年第 8 期，第 71~73 页。

如下：

> 最近，北京市门头沟区中门寺村一带兴起一股"挖水晶热"，节假日不少家长带着孩子进山"挖矿寻宝"，导致坑洼遍地，植被也被破坏。然而，这些家长却认为，带娃进山挖矿，既能"挖宝"，又能让娃"亲近自然"。
>
> 带孩子走进自然，既能开阔孩子的眼界视野，也有益于孩子的身心健康。但是以损坏植被、破害（坏）环境为代价的"挖矿寻宝"，不是在"挖宝"，而是在"挖坑"，更不是亲近自然，而是破坏自然。
>
> "五一"假期将至，许多家长准备带孩子出游。家长要积极引导孩子体验、感受自然纯朴之美、洁净之美、秀丽之美，教育孩子"除了照片，什么都不要带走；除了脚印，什么都不要留下"，这才是亲近自然的最好方式。①

移动互联网多元化的海量内容，多重选择的特点，要求网络时评在内容的表达上要符合融媒体的评论特征。从上述时评案例中，不难发现网络时评要想在融媒体资源与技术日益丰富的新媒体时代里站稳脚跟，就要充分运用5G等新技术，积极创新内容表达方式，丰富视听文化资源，用更优质时评内容吸引用户群体的关注，使其内容传播深入人心。② 现今，网络时评已进入了高速发展的时期，受众规模逐年扩大，不再是单纯的信息接收者，也可能是创作者、传播者。以受众为主的创作趋势会越来越明显，网络时评需要对内容叙述方式和创作技巧不断创新与探索，以满足当下信息传播需求。

44

二、表述个性化，网言网语增加趣味性

网络时评除了在形式上吸引受众注意力，还在语言表达上进行了革新，

---

① 孟亚生：《带娃"挖矿寻宝"，亲近自然还是破坏环境？》，《新华日报》2023 年 4 月 25 日。

② 李乐：《网络时评如何提升舆论引导力——以人民网"观点"频道为例》，《新闻潮》2022 年第 11 期，第 24～26 页。

增强了语言的亲和力,在保证内容专业性的同时拉近与读者的距离。特别是适当引用网络热词,可提高文章的可读性和接近性。在网络媒体时代,一篇好的时事评论,可读性必不可少。从实践上看,网络舆论传播日益呈现社交化、移动化、通俗化等倾向,无论是内容生产者,还是内容接收者,均更加青睐用平等、幽默、生动的态度来表达观点、交换思想。因此,无论是传统媒体,还是新兴媒体,都选择主动进入新赛道,用开放的姿态拥抱和融入互联网舆论生态,用生动的表述和鲜活的语言打动读者。

以河北日报客户端《锐评》栏目为例,该评论专栏逐渐突破传统的语言规范和思维定式,在语法、词汇、句型等方面更加贴近网络舆论生态和现代网友的表达习惯,大量使用一些网络流行语、方言谐音、缩略词等鲜活的词汇,使网络评论真正做到了"快、准、活"①。《锐评》还十分注重标题的遣词用句,诸如《"走心"的旅游纪念品才能不"撞脸"》《让"黑名单"长出牙齿》《用疫情赚流量必然要凉凉》《杜嘉班纳,请收起你"心虚的傲慢"》《营养餐中的"营养"如何才能不流失》《"套餐"缘何成套路》等,标题不仅内涵丰富、观点明确,更是通俗幽默、醒目抓人,读来生动活泼,耐人回味,也更容易激发读者点开文章读下去的兴趣。

在融媒体背景下,内容生产和信息接收方式发生了双重变革,面对日益激烈的竞争环境,置身于新媒体沃土之上,传统媒体要充分运用自身独家资源优势,创新新闻传播形式,转变话语态势,传达主流价值,实现时评场域上优质内容的输送。在传递新闻信息的同时,赋予信息更多的溢出价值,使信息的接收者更加容易理解,从而实现新闻从"传出去"到"传进去"的转变。事实证明,通俗接地气的口语表达,并配以真诚、平和的态度解读热点时事,切实地唤起了年轻群体对于新闻的关注,弥补了他们对于获取准确新闻报道内容的空缺,满足了青年人了解新闻、参与新闻事件讨论的需求。

三、主体多元化,充分发挥意见领袖号召力

随着网络自媒体大量涌现,形成了以意见领袖为核心的自媒体传播模式。

---

① 康乾、刘芮汐:《媒体融合背景下如何提升党报时评影响力——以河北日报客户端"锐评"为例》,《采写编》2022年第3期,第16~17页。

相较于传统时事评论单一的参与主体，网络时代的时事评论主体更加多元化，这大大地拓展了时事评论的主体矩阵和内容渠道。

例如，以自媒体时事评论栏目《睡前消息》为例，该节目由观视频工作室出品，其主要形式是主讲人口播近期热点新闻并进行评论，同时辅以图片、视频画面作为补充，议程设置包罗万象，评论话题涵盖了国内外时政、财经、军事、科技、民生等多个领域，单期节目平均时长在 15 分钟左右。① 区别于主流媒体的制作模式，《睡前消息》在新闻评论内容生产中采用了公司工作室模式搭建内容生产团队，将视频自媒体形式与意见领袖相融合，使得节目同时具备意见领袖与自媒体二者共同的优点，并能充分发挥意见领袖的号召力与影响力，形成了强大的叠加效应，从而形成了一种网络时事评论的新趋势——网络意见领袖评论，提升了社会影响力，传播了社会正能量，对于社会矛盾的缓解也取得了不错的效果。

在新媒体时代下，人们获取信息的方式和渠道早已不局限于传统媒体，自媒体用户与日俱增，人人皆可为传播者和生产者。网络时评步入发展的高速期，所谓"人人都有麦克风"，普通群众也拥有了可以自由发声的诸多渠道，在以传统媒体为主体的评论格局基础之上诞生出网络意见领袖等新形势的评论矩阵，这不仅给了观众一个参与讨论问题和锻炼公民意识的机会与场合，而且还让时评在观众的讨论声中一步步扩大其传播影响力。总之，在多元评论主体的传播格局之下，网络时事评论需要充分利用传播主体的差异性与多元性，最大限度发挥意见领袖的号召力和影响力，制作出优质、丰富的传播内容。②

四、平台立体化，打造时评传播矩阵

《根据第 51 次〈中国互联网络发展状况统计报告〉》，目前，我国网民规模达 10.67 亿，互联网普及率达 75.6%，手机网民规模达 10.65 亿，占网民

---

① 陈家玮：《建设性新闻视域下时评类自媒体疫情传播研究——以观视频工作室〈睡前消息〉为例》，《新闻研究导刊》2021 年第 2 期，第 100~101 页。

② 高明勇：《宁拙毋巧，常思本义——对网络新闻评论特点、困境及趋势的思考》，《青年记者》2019 年第 9 期，第 21~22 页。

整体的 99.8%，网民使用台式电脑、笔记本电脑、电视、平板电脑上网的比例分别为 34.2%、32.8%、25.9% 和 28.5%。① 由此可见，伴随着移动互联网的高速发展，移动端口已经成为网络时评排兵布阵的主要战地，各大媒体集团借助新媒介技术，打造全媒体矩阵，开通"两微一端"，打通线上线下，融合 PC 端和移动端，这不仅拓展了网络时评的传播路径，而且使之朝着立体化、场景化的传播方向发展。

例如，山西新闻网除了在网站发布时评内容，还开设了微信公众号、客户端、微博等多个平台，在每个平台均推出时评栏目，更有效地发挥融媒体矩阵在舆论引导中的作用。进入《黄土风时评》页面，右上角显示有微信公众号、微博、抖音的图标，读者只需要点击图标或扫描对应的二维码便能关注山西新闻网的各平台官方账号，获取相关信息。在网站首页右上角点击客户端图标样式，即可跳转到下载端进行下载。客户端内容栏目名称与网站不同，时评内容也并不统一，《黄土风时评》栏目在客户端体现为"深读"频道，选取次关注点信息进行观点输出，更多偏向于知识普及和信息补充。

再如，央视打造集新闻联播、央视网、微信公众号的多终端融合立体布局。评论文本通过声音和画面双重呈现，受众不再是读评论，更是听评论、看评论。在央视网平台下设有《央视快评》专栏，文章开头均链接与评论相关的时事短视频，既满足了短视频传播的接收习惯，又能够让受众对时事有更加直观的了解。同时，《央视快评》页面右侧有手机浏览二维码，实现了 PC 端到移动端的无缝链接，只需扫码便可进行阅读，方便了那些习惯使用手机终端阅读的用户群体。传播渠道的立体布局，全方位进行内容传播，既增加了文章的传播效率，使信息到达率更加精准、快速，而且也让主流媒体的舆论声音深入人心，传播效果更为显著。

传播学者梅洛维茨指出，电子媒介促进了不同场景的融合。② 媒体融合带来场景融合，让不同地域、年龄、文化水平的差异化群体同处于一个虚拟

47

---

① 《中国互联网络信息中心发布第 51 次〈中国互联网络发展状况统计报告〉》，《国家图书馆学刊》2023 年第 2 期，第 39 页。

② 武竹昕：《新型主流媒体语境下新闻时评品牌建设的思考》，《传媒论坛》2020 年第 3 期，第 47~49 页。

流动空间，无门槛的交往和信息接触行为让不同类型的用户再次细分。依托于场景融合和终端融合，旧有的单一报纸评论或电视新闻观点拥有了多元化的传播渠道，主流媒体的舆论影响力大大超越了单一渠道传播，打破传播空间上的区隔，在立体的复合的传播场景中传播更加丰富的信息和观点。

五、内容互动性，切实提升群众参与感

网络时代时评内容更加贴近群众生活、贴近现实，聚焦热点事件，及时进行评论和舆论引导，加强与受众的互动，通过精选网友评论，回复受众问答，实现良好互动。

例如根据《中共中央国务院关于建立健全城乡融合发展体制机制和政策体系的意见》中关于构建多层次农村养老保障体系，创新多元化照料服务模式要求，安徽新闻网在 2022 年 5 月 17 日发布评论《因地制宜建设农村养老机构》，回应了广大群众对于养老问题的关切。该评论分析了近年来农村养老机构面临的困境，结合文件精神针对养老产业发展提出建议，具有很强的贴近性、服务性、指导性。由此可见，有魅力的时评不仅要做到"三贴近"，贴近实际、贴近生活、贴近群众，也要加强与受众的互动，做到及时回应，倾听百姓声音。① 原文如下：

> 《半月谈》近日报道，一所在农村开设近 30 年、收费低廉、服务周到、深受欢迎的敬老院，因不符合当地关于养老机构人员配备等规定，无法办理相关证件，面临被取缔困境。
>
> 近年来，老龄产业快速发展，许多城市甚至县城都布局了市场化、规范化、标准化的养老机构，各地也规定了一些养老机构设立的条件，包括护理员、保洁员、安全管理员以及专职厨师的配备数量等。然而，受客观条件制约，不少农村养老机构很难符合这些"硬杠杠"。一边是农村老人的养老依靠，另一边是资质审查不达标，农村养老机构陷入"两难"境地。《中共中央国务院关于建立健全城乡融合发展体制机制和政策

---

① 刘思奇、钱朋伟：《论网络新闻时评的魅力与价值导向——以安徽新闻网时评板块为例》，《新闻世界》2022 年第 7 期，第 55~58 页。

体系的意见》明确提出，构建多层次农村养老保障体系，创新多元化照料服务模式。农村养老机构应结合农村实际，尊重老人意愿，合理设置准入条件，构建起立体综合、层次丰富、灵活高效的农村养老服务体系。

……

养老服务事关老人身体健康、生命安全，必须规范运营。职能部门可在机构规模、人员配备方面适当降低门槛的同时，重点排查农村养老服务机构房屋结构、消防、食品、医疗卫生等安全问题，确保农村养老机构成为老人值得信赖的幸福家园。①

网络时事评论除了在增强互动性上深耕细作之外，还引入群众的网络评论，使得评论版面内容更加丰富、更接地气、更有人气，切实提高了群众的参与感。通过点赞、评论等参与方式，让群众及时进行评论跟帖，强化民意互动反馈性质，为网友提供意见交流的平台，不仅丰富了评论视角，还增强了用户黏性。此外，还可以约稿、开放投稿渠道等方式提高受众参与讨论议题的积极性。在这方面，《燕赵都市报》时评版进行了一些尝试和探索——打破原有的以刊发时评作者来稿为主的内容结构，围绕同一热点话题，在"热点评论"后面集萃"网友观点"，而且注意选取意见不那么"一致"的声音，加以集中呈现。② 既保持了时评"聚焦"的特点，又在观点的多元性与平衡性上有所拓展，提供了更开阔的视野和更自由的思辨切入点，有利于读者在观点的比较、思想的碰撞中得出更加客观、理性的结论。

第二节　网络时事评论面临的新挑战

在全媒体传播生态中，传统时评的生产模式受到冲击，这在一定程度上导致其内容质量出现良莠不齐的现象，无论是在内容生产，还是在用户互动上，时事评论都面临着新的挑战。一方面，传统媒体机构仍然依托于其传统

49

---

① 徐海：《因地制宜建设农村养老机构》，《安徽日报》2022年5月17日。
② 范金刚：《介入·引入·打入——传统主流媒体时评引导、平衡网络舆论探析》，《青年记者》2020年第36期，第56~57页。

渠道或新媒体平台，这使得时评的生产、空间和话语范式都受到局限；另一方面，自媒体大量出现，过度追求话语出位和眼球效应，使得时评缺乏价值考量和智力沉淀。因此，分析和考察网络时代时事评论面临的挑战和困境，有利于我们进一步思考如何对其进行创新和改革。

一、内容及主体的多元化，使时评的主流舆论导向难以把握

网络时代的时评内容和主体都出现了多元化趋势，时事评论把握主流舆论导向的难度升级。

对于主流媒体来说，时事评论是发表意见观点、引导大众思考的主阵地，但是由于新媒介技术的发展，新时期的时事评论具有跨时空、大容量、开放性、交互式、移动化等特点。因此，大多数传统主流媒体在时评的话题选择与生产流程上进行了调整，具体包括，一是建立快速反应机制，确保热点话题迅速发声，在第一时间做出解读和分析；二是切实改变文风，对内容进行"网络化"改造，在话语风格取向上融合了辛辣尖锐、风趣俏皮、灵活多变的表达方式，并不断探索音视频评论产品的生产和发布新方式；三是改变过去"我说你听"的单向传播方式，强化即时反馈、双向互动。[①] 但是，由于处于革新的初期，缺乏一定的实践经验，难以把握评论尺度和方向，容易出现为适应互联网络话语风格，偏向戏谑和娱乐属性，模糊了作为主流媒体时事评论应有的思辨性与理性的边界。

对于自媒体来说，一方面，当下互联网发展已经迈入存量竞争时代，受限于专业能力的不足和流量竞争的压力，自媒体时评大 V 难以稳定输出，存在较为明显的个性化风格，容易出现偏激和不当言论，影响时评的生命线——理性和客观性。[②] 另一方面，对于专业领域的了解不够深入，容易得出错误结论和误导观众，难以承担主流舆论引导的重任。

时事评论是表达观点、表明立场的直接手段，能够直指要害，具有强大

---

① 李乐：《网络时评如何提升舆论引导力——以人民网"观点"频道为例》，《新闻潮》2022 年第 11 期，第 24~26 页。

② 何鑫：《自媒体网络新闻评论创新研究——以〈睡前消息〉为例》，《新闻文化建设》2021 年第 17 期，第 160~162 页。

的影响力。网络时评作为新时期观点传播、舆论引导的重要途径，通过对新闻事实的深入分析提出观点，表明立场，帮助群众更准确、全面地了解新闻并形成自身的正确认知。在我国转型发展的关键时期，传统主流媒体和自媒体应该发挥各自的优势，相互补充、相得益彰。主流媒体要以通俗易懂的语言、短小精悍的内容、及时准确的报道，引导普通民众理性关注国家大事和时事动态，努力当好新闻战线的排头兵，做好主流思想舆论的"中流砥柱"和"定海神针"。自媒体则应该改变评论导向，锚定内容落点，加强队伍建设，为建设具有前瞻性的、有建设性的、贴近人民群众需求和意见的网络时事评论添砖加瓦。

二、阅读模式的碎片化，使时评的逻辑思维遭到削弱

当下碎片化的浅阅读需求成为主流，人们的阅读形式从线性阅读发展到非线性阅读，阅读目的从目标性阅读发展到迷离性阅读。这一变化极大影响了以深度阅读需求见长的时事评论。一篇优秀的时评在反映现象的同时，需要辅以深刻的原因分析，提出合理的建议，并对主旨进行理性升华。除此之外，还需要做到立意以小见大，注重挖掘呈现新闻事件背后的本质，最好能给社会各界带来有益启示，并能正确地进行舆论的引导。① 时评的创造逻辑以受众的深度阅读作为支撑，但在碎片化阅读的时代，不可避免地遭到了阅读模式改变的掣肘。

传播时空和传播主体越来越广泛，往往一个新闻事件发生之后，时评还未来得及发声，受众已经接触到大量碎片化信息；另外，人们习惯了碎片化浅阅读，面对篇幅较长、内容深刻、需要花费更多脑力去阅读的时评内容，受众不愿意主动接受，甚至心理上有些排斥，这也影响了时评的传播效果。

此外，在"去中心化"的网络舆论格局下，具有煽动性的错误和偏激言论，容易煽动情绪、激化矛盾。在碎片化阅读模式影响下，人们不愿意花更多时间去进行思考，往往在还没有进行认真分析和理性思考的情况下，已受到错误言论的影响。正如社会学家古斯塔夫·勒庞所言：大众没有辨别能力，

51

---

① 沈瑜：《移动社交网络语境下的新闻评论》，《视听界》2018 年第 6 期，第 102～104 页。

因而无法判断事情的真伪，许多经不起推敲的观点，都能轻而易举地得到普遍赞同。

在当前想法多元、观点多变、价值观多样的舆论环境中，网络时评必须顺应形势，创新新闻评论表达方式与论证模式，以更新颖的模式、更严密的逻辑思维以及更强有力的声音震动受众心灵，引发受众思考并做出改变，从而让评论的功能作用得到真正发挥。① 当碎片化信息铺天盖地之时，更要保持时评的理性、温度、深度。在全新的传播生态下，我们不应该深究深度评论存在的意义，而是要结合碎片化时代的传播特点，探索如何做好融媒体转型，提高网络时评的质量，为受众阅读新闻时评创造更好的基础条件，使其重新焕发生机。

三、文体风格的"抽象性"，使时评的传播效果受到影响

在我国，新闻媒体是党和人民的喉舌，新闻时事评论是媒体发挥舆论引导作用的重要载体，在党和国家发布新的方针政策时，进行权威解读；在党和人民所处的立场上，坚定站位为民发声；在人民生活遇到困难时，给予关注和引导，因此在社论、政论与社会民生的话题中，新闻时事评论必须具备严肃性、政治性与战斗性。长期以来，新闻时事评论的特殊属性决定了新闻时评的选题范围总是面向严肃性与主题性，因而新闻时评的文体风格总是陷入抽象性的泥淖之中。

网络时评在涉及政治性与严肃性的话题时，无论是在语句的构造和用词的选择上，还是在情感表达与观点陈述上，总是不可避免地出现专业的遣词造句、严谨的文体风格，以至于显得不那么接地气。对于普通民众来说，专业媒体上发表的评论晦涩难懂，总让人有一种高高在上、敬而远之的感觉，很难真正达到入耳、入眼、入心的效果。

不少时评栏目为了适应新媒体时代需要，着手进行时评风格和文体的改革和创新，在词语的选择和使用上体现出了民间化、生活化和口语化的特点。具体表现在，其一从语境视角来看，网络时评适当地在新闻话语中使用文学

---

① 李萍：《碎片化阅读时代如何让深度报道重焕生机》，《新闻研究导刊》2020年第4期，第130~131页。

修辞来增添内容上的美感，以求降低文风的抽象性、增强传播效度；其二从表述方式来看，运用诉诸感性与理性的双重表述方式化繁为简，以期收获良好的阅读体验，实现更好的传播效果。一方面，"诉诸情感"的表达使得网络时评在表达方式上向"公民视角"靠拢，最大限度地激发受众对时事政治类话题的兴趣，放大求知欲。另一方面，理性化的时事评论的精髓在于引导受众思考，观点的表达往往带有结论性见解的意味。

虽然这些创新性的尝试将严肃坚硬的时评风格进行了"软化"，但由于严肃的评论和轻松的表达之间的尺度难以把握，致使网络时评处在"不上不下"的尴尬境地，受众对事件的戏谑大于反思，使时事政治类新闻时评的传播效果大打折扣。

第三节　网络时事评论的新要求

作为时事评论在网络时代呈现的新形式，网络时事评论具有的诸多新特征促使其产生了强烈的时效性、言说自由度高以及发表空间大的强大传播效果。[①] 与此同时，网络时事评论也迎来难以把握舆论导向、逻辑思维减弱以及文体受限等新挑战。为了应对上述新挑战以及更好地满足网络时代受众的需求，网络时事评论在符合"时评"的基本要求之外，还需要做到紧跟热点、迅速发声、关注民生等。

一、紧跟热点，权威发声

在互联网时代，人人都有"麦克风"，大量的观点和评论能够在互联网上实现广泛传播，其中部分正确的观点可以推动社会的良性发展。然而，在"去中心化""碎片化"的网络舆论格局下，偏激的、错误的言论也极易迅速传播，造成激化社会矛盾、不利于社会稳定的恶劣影响。[②] 此时需要新闻媒体

53

---

① 刘祥平、邓辉林：《网络时评的传播效果论》，《新闻知识》2011 年第 1 期，第 68~70 页。

② 康乾、刘芮汐：《媒体融合背景下如何提升党报时评影响力——以河北日报客户端"锐评"为例》，《采写编》2022 年第 3 期，第 16~17 页。

迅速及时地回应社会热点话题，并以理性的观点引导社会舆论。

首先是把握时效性。网络时事评论需要顺时顺势发声，先发制人。①新闻媒体需要具有极高的新闻热点敏感性，在热点新闻事件发生之后，迅速表态，引导舆论走向，坚守好新闻媒体的社会责任。例如《国际锐评》新闻评论栏目2023年5月13日发表的时评：

谁在破坏国际规则？这个"小圈子"不妨照照镜子

日本多家媒体近日报道说，即将在日本召开的七国集团峰会将要求中国"遵守"国际规则。这令国际社会很困惑：它们所说的国际规则是什么规则？作为遵守国际规则的差等生，美国等少数西方国家有何资格指责中国？

谈到国际规则，世界上只有一套规则，就是以《联合国宪章》宗旨和原则为基础的国际关系基本准则。但在以美国为代表的少数西方国家口中，却很少听到《联合国宪章》。它们的话术中有一个高频词——"基于规则的国际秩序"。这是一个模糊不清的说法，《联合国宪章》里没有，各国领导人在联合国通过的宣言里没有，联大和安理会决议里也没有。中方代表曾在安理会上公开质问："所谓'基于规则的国际秩序'，到底是基于什么样的规则？基于谁制定的规则？这些规则与国际秩序之间是什么关系？"

……

美国在叙利亚的非法驻军赖着不走、偷油偷粮；日本强推核污染水排海方案……无论是历史还是现实，都说明美日等国才是国际规则的最大破坏者。世界上的事要由大家商量着办，少数几个西方国家说了不算。到底谁在破坏国际规则？这个充斥集团对抗色彩的"小圈子"不妨照照镜子。②

---

① 苏天真：《论时事评论的思辨性——巧用时事评论加强新闻评论的影响力》，《采写编》2021年第1期，第73~75页。

② 中央广电总台国际在线：《谁在破坏规划？这个"小圈子"不妨照照镜子》，http://news.cctv.com/2023/05/13/ART19.

《国际锐评》针对日本召开的七国集团峰会要求中国"遵守国际规则"的热点问题，站在官方立场上及时回应，从而有力地引导国际舆论走向。

网络时事评论还需要与国家的最新政策、最新要求紧密结合，促使大众及时了解政府事务。① 新闻媒体要充分发挥喉舌作用，引导公众了解党和政府最新发布的相关政策和践行相关要求。例如安徽新闻网于 2022 年 2 月 22 日发表的新闻评论《全链条监管网约车不跑偏》介绍了国家最新修订的规范网约车的法规政策，在引导社会舆论的同时也引导大众关注相关政策。②

其次是把握内容上的新颖性。网络时事评论需要将热点新闻与社会现实相结合，分析新闻背后隐含的社会问题，做出准确而深刻的评论。③ 网络时事评论要理性分析，提出客观准确的观点，才能以理服人。例如 2019 年 7 月 5 日人民网的观点频道《人民快评》针对新城控股董事长涉嫌猥亵女童被刑拘一案及时发声，提出任何身份都不是犯罪挡箭牌，需要彻查是否为惯犯、背后是否有产业链，以及保护受害儿童的隐私和身心健康的观点。④

猥亵女童的董事长，你的企业家责任何在

近日，一则"上市公司新城控股董事长王某某涉嫌猥亵 9 岁女童被抓"的消息迅速发酵，上海市公安局发布的警情通报证实了这一消息，相关犯罪嫌疑人已经被警方刑事拘留，案件正在进一步调查中。该事件一经曝出，便引起社会舆论的轩然大波。

……

让人民群众在每一个司法案件中感受到公平正义，这是法治的信仰。相信这起案件一定能够得到秉公处理，相关犯罪嫌疑人也必将被法律严

55

---

① 苏天真：《论时事评论的思辨性——巧用时事评论加强新闻评论的影响力》，《采写编》2021 年第 1 期，第 73~75 页。

② 韩小乔：《全链条监管网约车不跑偏》，《安徽日报》2022 年 2 月 22 日。

③ 苏天真：《论时事评论的思辨性——巧用时事评论加强新闻评论的影响力》，《采写编》2021 年第 1 期，第 73~75 页。

④ 沈慎：《猥亵女童的董事长，你的企业家责任何在》，http://opinion.people.com.cn/n1/2019/0705/c1003-31216278.html。

惩。这起案件也对企业家群体提了一个醒：德不配位，必有灾殃。作为企业家和公众人物必须检视自己的行为，承担起应有的责任，珍惜来之不易的名誉，遵纪守法，不要等到身败名裂时追悔莫及。

特别是在热点事件发生之后，舆论容易迅速发酵，此时若没有权威声音的正确引导，将不利于社会秩序的稳定，因此主流媒体需要及时以理性客观的态度进行分析，以权威姿态进行发声，从而积极引导舆论。例如，《你好，明天》作为主流媒体的即时互动专栏，对于 2019 年的一系列敏感事件例如明星失德论文抄袭、响水爆炸案和香港极端暴力事件，主动发声，在理性分析的同时传达政府的相关政策以及主张，有力稳定了社会秩序。①

在时效性方面，网络时事评论不仅要对最新发生的热点新闻事件发声，引导舆论走向，还要及时介绍国家的最新政策、最新要求，引导公众了解相关内容。在内容新颖性方面，网络时事评论需要将热点新闻事件与社会现实结合，理性分析之后提出客观准确的观点。此外，主流媒体应在舆论发酵之时及时发声，以官方话语权引导建立正面的舆论机制，促进社会的稳定发展。

二、坚持立场，关注民生

我国正处于社会转型时期，也伴随着一系列民生问题。网络时事评论作为互联网时代的产物，仍然需要以关注民生为己任，坚定为人民群众服务的立场。以人民群众的问题为问题，并提出导向性的建议，这也是网络时事评论的价值所在，如此才能具有持久的生命力。民生话题是网络时事评论的主要关注点之一，例如，人民网观点频道的《人民时评》和《网友说话》主要关注法制建设、国民性和民生大事；② 新华网的网络时事评论相关栏目从《民声》中发现线索，寻找热点话题。③

---

① 冯宇：《〈你好，明天〉：公共理性环境与话语表达系统的建构》，《中国广播电视学刊》2020 年第 9 期，第 116～118 页。
② 孔曦：《风生水起话"网评"》，《新闻记者》2004 年第 2 期，第 47～49 页。
③ 楚丽：《试论网络时评的特长与问题》，《新闻爱好者(理论版)》2007 年第 12 期，第 64 页。

其一，网络时事评论不仅要"因时"制宜，还要"因地"制宜，除了要关注最新最近的民生问题，还要依据评论栏目的栏目特色、地方特色展现网络时事评论栏目的独特之处。东方网的《东方时评》立足于地方事务，除了广泛关注国家的民生问题，更加着力于上海本土民生问题，例如医患矛盾、轨道交通问题等，受到上海市民的喜欢。①

其二，呈现有温度的评论也是新闻媒体需要践行的目标。网络时事评论不仅需要有理性客观的观点输出，还需要呈现有温度的人文关怀。2022 年 5 月 17 日安徽新闻网发布的评论《"倒挂"何妨成"佳话"》一文表达了对"硕士毕业生拜中专生为师，入厂学技能"一事的看法，提出职业教育要打破偏见的观点，并探讨了如何促进职业教育高质量发展的对策。

"倒挂"何妨成"佳话"

近日，一则"中专生给硕士研究生当师傅"的新闻引发热议。

浙江衢州硕士毕业的 31 岁中专教师祝太富，拜中专毕业的 28 岁车工高级技师周冬兴为师，学习各种实操技能。据报道，周冬兴虽然年轻却技艺精湛，曾获浙江省技术能手、百优工匠等多项荣誉称号。

......

人人出彩，技能强国，需要政府、社会、企业创造更多圆梦舞台。在杭州，20 名外卖骑手获得职业技能等级认定，享受个人所得税专项抵扣等优惠政策；在广州，27 年工龄高级技师评上高级工程师，"90 后"汽车装配工获评助理工程师……近年来，一些地方推出改革措施，提升技术工人"职业含金量"，让技能人才更有获得感。有理由相信，不仅仅是周冬兴因为一则新闻迎来"高光时刻"，而且我国技能人才整体上也将迎来黄金发展期。勇于改革创新，让更多技能人才脱颖而出，制造强国才未来可期。不久的将来，"中专生给硕士生当师傅"不再是"倒挂"，而是一段段"佳话"。②

---

① 孔曦：《风生水起话"网评"》，《新闻记者》2004 年第 2 期，第 47~49 页。
② 刘振：《"倒挂"何妨成"佳话"》，《安徽日报》2022 年 5 月 17 日。

57

其三，网络时事评论还需要以权威姿态、坚定的立场，直击问题关键，切实提出问题和建议。例如，《你好，明天》栏目以权威姿态直面社会民生问题，及时评述，观点明确，立场坚定，敢于质疑。据统计，《你好，明天》的栏目议题中，"社会民生"类话题占据 26.81%，内容主要为教育、房价、养老和社区安全问题。该栏目相关评论的主体对象为"普通公民"和"政府部门"，对于政府部门的不当行为，该栏目会直接予以质疑和批评，以不偏不倚的公正态度和坚决追问的决心关注社会事件或不良现象，维护人民群众的利益。①

总而言之，网络时事评论需要扎根于人民群众之中，关注民生大事，坚决维护人民群众的利益，因时制宜、因地制宜选择民生话题。网络时事评论还需呈现一定的人文关怀，有深度、有温度的网络时事评论才能赢得人民群众的认同。此外，还要以敢于质疑的态度关注民生话题，让人民群众感受到新闻媒体敢于纠正不当行为的态度与决心，从而实现舆论引导的目的，维护良好的社会秩序。

三、形式契合平台特性，语言适度网络化

在形式上，网络时事评论已经呈现出视听多样化的形式，丰富的形式促使受众产生新鲜感，但新闻媒体采用何种形式呈现需要根据内容进行调整，切忌喧宾夺主。此外，根据平台特性灵活呈现时评内容，更易于受众接受和理解，有利于增强时评的影响力。因此，网络时事评论需要以内容为主，形式要为内容服务，同时形式需要契合多种内容渠道的特色，根据不同的平台特性创新形式和风格，最大化利用平台优势。

例如，《主播说联播》以画面、播报、背景音乐深入解读新闻信息，进而进行新闻评论，使受众更容易理解和接受新闻信息。② 2023 年 4 月 17 日《主播说联播》发表《这些首次公开的影像提醒某些国家：休想歪曲历史!》的评

---

① 冯宇：《〈你好，明天〉：公共理性环境与话语表达系统的建构》，《中国广播电视学刊》2020 年第 9 期，第 116～118 页。

② 刘静、吕涛、金爽：《〈主播说联播〉：主体关系重塑与对话语境重构》，《电视研究》2022 年第 1 期，第 49～51 页。

论，由评论员发表评论，视频下方的字幕方便受众观看，此外还插入相关视频加以佐证观点，更加具有说服力和感染力。

再如，《你好，明天》则是利用微博平台的优势，以"文字+图片"或"文字+视频"形象直观地呈现热点新闻，图片和视频与内容相匹配且具有趣味性，例如针对"视觉中国下架国旗、国徽等不合规图片"事件，该栏目配图为汉字图片"不敢配图"，表达观点的同时也呼应了这一事件。①

在内容上，网络时事评论的语言需要借助大众化话语，"讲老百姓想听的话、愿听的话、听得懂的话，讲老百姓的心里话，讲能帮助老百姓解决问题的话"。② 事实证明，使用相对规范的网络用语、流行用语更贴近受众心理，易于被受众接受。但也需注意，在时评中使用网络用语和流行用语时要把握好尺度，即"为大众接受而不违背语言使用的规范与规则，更不能违背公序良俗、人伦纲常、民族大义和法规要义"③，避免过度娱乐化，失去时评本身应有的严肃性。

例如，河北日报客户端《锐评》贴近网民生活的语言风格吸引了广大读者的阅读兴趣，扩大了网络时事评论的传播效果以及影响力。

例如，《主播说联播》利用日常化的语言，去专业化、个性化的表达贴近人民生活，例如"拉黑、互删好友、退群"，"但是这么赤裸裸干涉别国内政，真的很'没品'"，"乱是祸，稳才是福，才有稳稳的幸福"，"这是又一次的'闯关升级'"，在提出简明有力的观点的同时，采用"一对一"的表达方式以平等的姿态与受众展开"日常"对话，减少距离感，让受众在观看过程中有较强的代入感。④

在网络时代，网络时事评论需要把握好形式和内容创新的"度"，在保证

---

① 冯宇：《〈你好，明天〉：公共理性环境与话语表达系统的建构》，《中国广播电视学刊》2020 年第 9 期，第 116~118 页。

② 冒志祥：《浅谈时事评论文本的高效呈现》，《应用写作》2019 年第 11 期，第 25~29 页。

③ 冒志祥：《浅谈时事评论文本的高效呈现》，《应用写作》2019 年第 11 期，第 25~29 页。

④ 高飞：《〈主播说联播〉：短视频时代新闻评论话语表达研究》，云南师范大学2021 年博士学位论文。

时评内容专业性的同时拉进与受众的距离。在形式上，需要以形式服务内容，同时契合不同平台的特性融合多种元素多方面展现新闻评论；内容上，在使用网络化用语、流行用语贴近受众的表达习惯的同时避免过度娱乐化，保持好时评的深刻性。网络时事评论必须在保证内容专业性的基础上适度创新表现形式和语言风格，如此才会被更广泛地传播、更有影响力。

第四节　网络时事评论的新方法

基于网络时代的新特征和新要求，网络时事评论既要展开理性思考，又要适应时代积极创新，即创新时事评论表达模式和论证模式，连续呈现系列话题或者不同角度的评论，加强审核和管理，才能最大化实现时评的价值，强化传播效果。

一、视野突破：在触及深度的同时提出独特见解

网络时事评论要关注社会热点事件，大到国际争端，小到人民群众身边的小事，不管事件大小，都要敏锐地指出社会现实隐含的问题，反映人民群众的情感诉求。评论的观点要发人深省，震撼心灵；要紧扣时代主题，促进社会的进步与发展。这要求评论员具有扎实的知识基础、正确的思想价值观、强大的洞察力、极高的敏锐性以及思想的独立性，[①] 针对热点新闻事件提出自己的深刻见解。盛大云认为写评论要综合考量，站在理性的角度，不能总是带上"体制问题"的大帽子，需要就具体的问题做出具体的判断，做出严密的有逻辑的分析，最后让受众了解事实真相以及真正的问题所在。[②]

首先，时事评论的关键是要关注现实，对现实中发生的事情、出现的问题，有敏锐的观察、独立的思考、准确的判断和长远而独到的眼光。例如，人民网的《人民网评》栏目 2023 年 4 月 10 日发表的时评：

---

① 苏天真：《论时事评论的思辨性——巧用时事评论加强新闻评论的影响力》，《采写编》2021 年第 1 期，第 73~75 页。

② 郑文丰：《"盛氏微言"——筑城访著名杂文家、时评家盛大林》，《贵阳日报》2012 年 7 月 25 日。

对暴力既要"零容忍"，也要"擦亮眼"

法网恢恢，严惩不贷。4月9日晚，湖南邵阳公安局对"男子当街踹倒女子"发布警情通报，详细披露打架事件发生始末，犯罪嫌疑人目前已被刑事拘留，案件正在进一步办理中。

……

平安是宏大的，是国之大者、民之所盼、发展之基。反过来看，平安也是具体的，在日常生活中、在小巷里、在街头上。用法律利剑斩断暴力之手，以理性认知涤荡暴力观念，让每一起暴力案件都能得到及时、详尽、透明、准确的跟进，社会的安全才能具体可感，我们的生活才能安然无虞。①

该篇时评关注到"男子当街踹倒女子"的社会暴力事件，提出应该对暴力"零容忍"的观点，还从另一角度提到公民也应该对暴力事件"擦亮眼"，不盲信盲从。

其次，评论角度独特是独特性和深刻性的重要标准。角度的选择，决定了一篇时评的高度和深度。例如，农产品滞销问题是近年来的热点事件，作者发现曹庄萝卜年年滞销，年年求助媒体，于是写了一篇《曹庄萝卜，还要爱心帮几次》的评论，对曹庄萝卜滞销事件进行了反思。② 这篇评论选择了一个新颖的角度，表达了独到的见解，呈现了更为深刻的社会民生问题。

最后，有深度的网络时事评论需要深入浅出，让人看得懂。评论不是简单堆砌，更不能"假大空"，而是需要逻辑严密、层层递进地进行剖析。《人民时评》栏目2023年4月10日发表的《严惩网络暴力"按键伤人"》一文先是梳理了网络暴力相关法律法规和治理现状，进而指出之前被忽视的以及新出现的网络暴力形式，最后建设性提出各方应该采取的应对措施。有理有据，启发人们关于网络暴力的思考。

61

---

① 王平：《对暴力既要"零容忍"，也要"擦亮眼"》，http://opinion.people.com/cn/n1/2023/0410/c223228-32660947.html.

② 刘培军：《时评写作如何选择角度》，《传媒论坛》2020年第3期，第65~66页。

严惩网络暴力"按键伤人"

网络暴力新表现，潜在危害大，传播范围广。应当及时研判、不弃微末，采取有针对性的举措，下大力气整治乱象。

……

网络空间是亿万网民共同的精神家园。面对花样翻新的网络暴力现象，多措并举、重典治乱、久久为功，坚决惩治网络暴力"按键伤人"，才能营造天朗气清的网络空间，让人民群众在共享互联网发展成果上有更多获得感、幸福感、安全感。①

总之，时事评论往往蕴含着个人利益与公共利益、个人情感和社会情感的巨大冲突，这在一定程度上导致了时事评论的公共性、客观性、思辨性很难兼顾。② 这就要求评论员保持理性的思考，不能简单基于个人情感和价值观做出判断，要站在不同利益方的立场上展开全方位的思考，以严密的逻辑分析得出客观的结论。时事评论具有广泛的社会影响力，评论员必须牢记使命和责任，以维护人民利益、促进社会进步作为最高价值目标。

二、坚守价值：利用议程设置提升舆论引导力

网络时代不同观点充斥于网络之中，其中存在的偏激、片面的观点不利于社会稳定。此外，渠道多元化也带来时评的选题多元化和观点分散化，③新闻媒体的时事评论篇幅有限，不可能面面俱到，因此，需要针对社会现实适时选择影响力较大的议题，积极主动展开议程设置，从而有效地影响和引导舆论。

例如，《中国三分钟》作为对外传播的时事评论类节目，以聚焦国际为导向设置议题。该节目的议题范围广泛，在涉及多类议题的同时也有所侧重，重点关注文化、社会民生和外交这些影响力较大的议题，从而多层次地展现

---

① 金歆：《严惩网络暴力"按键伤人"》，《人民日报》2023 年 4 月 10 日。

② 苏天真：《论时事评论的思辨性——巧用时事评论加强新闻评论的影响力》，《采写编》2021 年第 1 期，第 73~75 页。

③ 张富丽：《融媒体背景下国际时事评论"国际锐评"的守正创新》，《电视研究》2019 年第 7 期，第 47~49 页。

中国多元的国家形象。① 2020 年 11 月 13 日，《中国三分钟》就美国大选这一热点话题发表评论，提出对当前美国政治的看法并指出改善中美关系的措施，该评论获得了广泛的关注和讨论。

又如，旅游市场持续恢复之后，不文明旅游现象层出不穷，受到广泛诟病。《人民时评》栏目在 2022 年 8 月 26 日发表《文明旅游应是更美风景》的评论，通过对不文明旅游现象的改善措施、原因和政策的介绍，号召相关部门和游客共同塑造文明旅游的氛围。

此外，要注重网络时事评论的议程设置效果，充分发挥时评的价值和影响力。这需要提高相关人员的专业素养，增强网络时事评论的规范性与专业性，深入全面对议题展开评论，才能更好地发挥时评正面引导舆论走向的作用。②

例如，《人民网评》栏目 2023 年 3 月 18 日围绕习近平总书记重要文章《加快建设农业强国 推进农业农村现代化》设置议题，发表的评论《为什么要把"土特产"这 3 个字琢磨透?》，全面深入地解析"土特产"每个字所代表的意思，并讲明"土特产"与乡村振兴的关系，具有规范性和专业性。

为什么要把"土特产"这 3 个字琢磨透?

农业强国是社会主义现代化强国的根基，推进农业现代化是实现高质量发展的必然要求。建设农业强国，当前要抓好乡村振兴。

产业振兴是乡村振兴的重中之重，也是实际工作的切入点。日前，《求是》杂志发表习近平总书记重要文章《加快建设农业强国 推进农业农村现代化》。文章指出，各地推动产业振兴，"要把'土特产'这 3 个字琢磨透"。这为做优做强乡村产业、促进乡村产业振兴，提出了新的要求。

……

小小"土特产"，一头连着农民增收，一头连着美好生活；产业振

63

---

① 韩雪：《互联网背景下我国时事评论类节目国际传播策略研究》，辽宁大学 2020 年博士学位论文。

② 刘思奇、钱朋伟：《论网络新闻时评的魅力与价值导向——以安徽新闻网时评板块为例》，《新闻世界》2022 年第 7 期，第 55~58 页。

兴，一头连着农民的好就业、高收入，一头连着农村的生机和活力。做好这篇大文章，绵绵用力、久久为功、苦练内功，让产业发展越来越各具特色，让农民腰包越来越鼓，定能为乡村振兴夯实强大的物质基础。①

新闻媒体在发布网络时事评论之后还需要及时关注并反映受众的评论反馈，动态监测舆论走向，通过评论加强引导作用。例如"人民日报评论"微信公众号《人民锐见》子栏目在 2023 年 5 月 25 日发表评论文章《违规也先干，问责再整改？别让"拍脑袋"决策折腾基层》，在其下方展示了四条留言，这里选取两条留言进行展示，网友"春耕秋实"："一言切中要害，坚决杜绝此类现象的再次发生，保护农田保护耕地是每个公民的责任与义务，同时也在保护我们自己。切记！切记！"；网友"李建平"："好文！但贵在执行，望千里之行始于足下。"网友留言和评论观点形成呼应，有利于加强时评的舆论引导效果。

总而言之，新闻媒体需要针对社会现实选择影响力较大的议题，适时进行议程设置，同时也要关注到议程设置的效果，做好网络时事评论的把关和管理工作，并提高相关人员的专业素养，增强时评的规范性和专业性。此外，还要及时反映和回应受众的评论，从而更好地发挥网络时事评论舆论引导的作用。

三、视角独特：采用多样化的表达方式和论证模式

为了增强影响力，网络时事评论应该对表达方式和论证模式进行创新。首先是表达方式的创新。此前，时评主要采用非第一人称进行评论，尽量保持评论者客观中立的态度，但也在一定程度上与受众产生距离感。因此，可以试用第一人称的方式进行评论。评论者基于事实真相，在新闻事件中选择由头和素材，并以"我"的视角做出评论，② 这种新颖的表达方式有助于引起

---

① 仲田：《为什么要把"土特产"这 3 个字琢磨透？》，http://opinion.people.com.cn.n1/2023/0318/c223228-32646623.html.

② 苏天真：《论时事评论的思辨性——巧用时事评论加强新闻评论的影响力》，《采写编》2021 年第 1 期，第 73~75 页。

受众的阅读兴趣，同时促使受众更容易产生共鸣感，引导受众进行更深入的思考。

例如，在 2018 年 7 月 31 日人民日报评论《竹海、石斛与鲜花的生态经济学》中，评论者将"我"置身于四川的蜀南竹海、贵州的丙安古镇和云南的国际花卉拍卖交易中心之中，让受众在阅读评论之时身临其境地感受到这三个省份的特色生态产业，点明"在保护中发展，在发展中保护"的主题，从而引导受众认同"生态优先，绿色发展"的观点。

竹海、石斛与鲜花的生态经济学

竹海重在守护环境，石斛意味发展转型，而鲜花则是延伸增值，背后的思路都是"在保护中发展，在发展中保护"。

行走在位于长江经济带上游的云贵川地区，有三样东西让人印象深刻。这三样东西，为高山丘陵披上层层"绿衣"、穿上件件"花衣"，也成为"共抓大保护，不搞大开发"的一个注脚。

……

从四川的竹子，到贵州的石斛，再到云南的鲜花，生态环境慷慨给予了人们宝贵的资源。这三样东西，也折射出绿色发展的不同侧面，竹海重在守护环境，石斛意味发展转型，而鲜花则是延伸增值。不过，它们的背后有着一样的思路，那就是：在保护中发展，在发展中保护。①

再如，《主播说联播》在 2023 年 5 月 21 日以"关爱残疾朋友"为主题的评论视频中，用"我们要给一个景区点赞"引出莽山五指峰景区为残障人士设置的无障碍车的友善措施，语气亲切自然，拉近了与受众的距离。

其次是论证模式的创新。以往的新闻评论主要采用"观点+材料"的论证模式，这种模式可以直观准确地表达自己的观点，但千篇一律的论证方式也会失去新鲜感和感染力，很难让受众产生更多的思考，从而导致时评只能有限地发挥舆论引导作用。因此，网络时事评论的论证模式需要进行创新，在保持客观理性的基础上，以更加新颖的论证模式启迪受众，充分发挥时评的

65

① 李洪兴：《竹海、石斛与鲜花的生态经济学》，《人民日报》2018 年 7 月 31 日。

指导作用。比如，可以将采访对象的话语引入到评论中，从而使时评在具备思想性、逻辑性的基础上兼具故事性，受众更容易代入其中。①

例如，2018 年 7 月 23 日的人民日报评论《石鼓镇里说植绿》：

石鼓镇里说植绿

伴着潺潺江水，在云南丽江石鼓镇的林荫道上行走，看到一位戴草帽的老人在慢慢踱步，身后还跟着一条小狗。打了个招呼，攀谈起来，才知道他是当地一位退休教师，平时最喜欢来这江边的林中散步。

老人今年 84 岁，叫赵碧，碧绿的"碧"、澄碧的"碧"，与江边柳林的林水一色遥相呼应。这里有老人的儿时记忆，也有老人的晚年寄托。从青少年时开始，长辈就带着他们来江边种树，挖土、培土的情形，到现在还历历在目。一拨又一拨年轻人成长起来，都来这江边种树，种出了一行行柳荫，也种下了一代代的青春记忆。

"以前这里是什么样?""现在这里好啊，读报看书……"问的，是我们的关切；答的，是老人的陶醉。对于老人而言，自己和后辈们在家乡江边种下的柳树林，除了防汛防风防沙护田等功能外，最好的感觉，或许还是可以徜徉其中、沉浸其中。老人上年纪了，耳朵有点背，可能并没有听清我们问的是什么，但满心却都是当下的美好。……②

评论人直接引用赵碧几位老人的经历和话语做出论证，并以石鼓纳西族老人们的话语"种柳树要先扎根、后发芽，这样才算是牢牢扎住了。那些种下后就发芽，而根还没有扎住的树，都是'假活'，长久不了"总结全文，呼应保护好生态环境才能实现可持续发展的主题。③ 此篇评论论证模式别具一格，讲述的采访对象的话语和经历促使受众产生亲历感，论证更加真实有力。

---

① 苏天真：《论时事评论的思辨性——巧用时事评论加强新闻评论的影响力》，《采写编》2021 年第 1 期，第 73~75 页。

② 李洪兴：《石鼓镇里说植绿》，《人民日报》2018 年 7 月 23 日。

③ 李洪兴：《石鼓镇里说植绿》，《人民日报》2018 年 7 月 23 日。

网络时事评论的表达模式和论证模式的创新需要以准确、全面、客观地呈现事实为基础。如若一味为了创新而没有达到此要求，时评会失去其价值，创新也就没有意义。因此，时评人在创新时需要遵循适度原则。

四、强化效果：连续呈现系列话题和展现不同角度

为了追求时效性、适应碎片化阅读的要求，网络时事评论的逻辑性在一定程度上被削弱了。因此，网络时事评论需要通过连续性呈现同一系列的话题或者对同一话题从不同角度展开评论，以强化时评的效果。[1]

也就是说时评可以围绕相似或者相近的话题展开一系列评论，单篇评论可能达不到掷地有声的效果，而呈现类似话题的评论，可以增强评论的逻辑性与深刻性，提高社会公众的关注度，从而强化时评的舆论引导作用。例如人民网的《人民网评》栏目在 2023 年 4 月 25 日至 5 月 4 日，针对五一劳动节展开了一系列评论，将劳动人民的团结实干精神和正能量榜样、五一劳动节期间的消费者要绿色消费、政府要强化安全责任意识以及服务业要提高服务质量的相关话题串联起来，利用公众对五一劳动节的关注呈现一系列有关劳动节的评论，引导社会舆论走向。

又如，《国际锐评》在 2023 年 4 月 8—11 日连续推出《马克龙为何认为中法在一起"大有可为"》《沙伊北京握手一个月，中东出现了这些重大变化》《当东西半球两个最大的发展中国家再次握手》三篇时评，这三篇时评讨论的都是中国外交，直观展现了中国负责任的大国形象，起到了引导国际舆论的作用。

网络时事评论在网络时代呈现的篇幅较短，一些话题不能够深入展开，时评的逻辑性被减弱。因此，新闻媒体可以通过对话题不同角度的挖掘，引导受众全面深入地理解观点，增强时评的影响力。例如针对长沙某小区"霸占车位"事件，人民网在 2023 年 5 月 16—18 日连续推出《和解胜过"纠结"》《正义感也要有边界》《媒体要帮忙不添乱》三篇评论，人民网首先对该事件本身做出评论，进而对其引发的网络暴力做出批评，最后指出在该事件中一些

67

---

① 冒志祥：《浅谈时事评论文本的高效呈现》，《应用写作》2019 年第 11 期，第 25~29 页。

自媒体呈现有失偏颇、颠倒黑白的报道误导受众。人民网针对该事件从不同角度进行了深入讨论，逐步深入且全面地呈现观点。

再如东方网的《东方快评》栏目在 2023 年 5 月 10 日及 11 日刊发《儿童读物惊现"丁汝昌投降图"：类似错误为何频现》《"丁汝昌投降图"登上读物？忘记历史意味着背叛》两篇评论，前一篇讨论了类似事件，后一篇则对出现此事件的原因进行了深入的分析，从而让受众更多地了解相关事件以及造成这一事件的原因。

通过呈现一系列相似或相近话题的时评，或者呈现对同一话题的不同角度的讨论，可以有效地提升时事文本效力，在增强时评深刻性的同时，也便于受众理解和接受，从而有效地解决网络时事评论逻辑性较弱的问题。

五、严格审核：加强时评生产环节和互动板块的管理

在网络时代，时事评论的字词句都会引发人们的广泛关注，此外，网络时事评论的强互动性特点也可能引来"不和谐"的声音，影响舆论引导的效果。[1] 因此不仅专业媒体需要在时评的生产环节做好把关与管理，保证专业性；自媒体也要培养社会责任感，加强审核，增强自身的公信力。

网络时事评论需要提高相关人员的专业素养，从而实现对时评生产环节和互动板块的有效管理。在时评生产环节，新闻媒体需要创作出务实的、前瞻的、有建设性的、贴近人民群众需求和意见的评论，[2] 还需要加强对政治方向、价值观念、法律法规、文化理念等关键内容的审核把关，[3] 尤其需要做好细节的把控，比如审核时评的视频、字幕、音乐等元素的出现是否恰当、是否与时评的整体风格统一等。

例如在 2023 年 5 月 31 日《主播说联播》发表的《新时代中国好儿童什么样？总书记给出这些关键词》评论视频，视频左上角是新闻联播的特有图标，

68

---

① 范金刚：《介入·引入·打入——传统主流媒体时评引导、平衡网络舆论探析》，《青年记者》2020 年第 36 期，第 56~57 页。

② 何鑫：《自媒体网络新闻评论创新研究——以〈睡前消息〉为例》，《新闻文化建设》2021 年第 17 期，第 160~162 页。

③ 范金刚：《介入·引入·打入——传统主流媒体时评引导、平衡网络舆论探析》，《青年记者》2020 年第 36 期，第 56~57 页。

评论员背景是渐变蓝色，时评在恰当的地方插入横板视频，横板视频的背景是以黄色为主基调的中国长城，重要字句则用与图片中"新闻联播"字体的同款颜色标出以示强调，视频配色整体色调统一，背景音乐音量小于评论员的声音，起到衬托作用，通过上述分析可以发现《主播说联播》的时评视频制作精良，视频、字幕、音乐较好地配合了视频内容，达到了相得益彰的效果。

在时评的互动板块，新闻媒体需要当好"守门人"，及时监测评论区的舆论走向，对于一些偏激的、不负责任的评论互动要进行及时删除或者屏蔽，对于评论区的争议要及时做出澄清和回复，更好地发挥好网络时事评论的互动优势，呈现出真正有价值、有意义的观点。

例如"中青评论"微信公众号在 2023 年 5 月 24 日发布的《"一家烧火，全家坐牢"：刺眼标语的背后是什么?》就利用微信的精选留言功能筛选展示网民的发言以及他们之间的互动留言，留言区首条留言为网友"颜墨璃"提出的"一些网民也是站着说话不腰疼，没有下过基层，不了解实际情况。很多都是你磨破嘴皮子讲政策讲问题都没有用，非得吓唬一下才行"。此外网友回复："能力不行就别坐相应位置。客观问题不是懒政庸政的借口。"该公众号在留言区集中呈现不同网友的声音，这在增强互动性的同时也引导受众进行更多的思考。

网络时事评论需要提高评论人和审核人员的专业素养，加强对时评制作环节和互动板块的管理，注重细节把控，呈现网友有意义和有价值的观点，以呈现更好的时评形式，发挥好时评的效用。

第三讲　网络经济评论理论和方法

第一节　网络经济评论发展现状

新闻评论是新闻内容生产中的常见文体。经济新闻评论属于新闻评论体系中的"一员"，除具有新闻评论普遍特征之外，还有相对的独特性。闻学在《经济新闻评论》中提出，所谓经济新闻评论，是指传播媒体就现实经济世界发生的或正在发生的客观事实和在现实环境中产生各种想法的民众的主观世界发表的具有一定倾向性的意见或看法，是对于经济行为和经济活动的动态过程的评论。① 显然，这个定义对于后来迅猛发展的虚拟世界的观照并不充分。随着互联网逐渐成为新闻信息传播和公众意见表达的主渠道，经济新闻评论的主阵地也逐步迁移到了线上。这也是网络经济新闻评论(简称网络经济评论)的源起背景。

网络经济评论是随互联网诞生而出现的全新事物，目前对其没有标准化定义。我们认为，网络经济评论是指在互联网络对经济领域的新闻报道进行分析和评论的一种形式。它在传播经济知识、引导公众舆论、促进经济发展等方面具有重要作用。

目前，对网络经济评论的研究极其有限，但其在网络新闻实务活动中的运用较为丰富，综合大量具体实务案例，网络经济评论具有以下特点：

首先，网络经济评论研究范围涵盖了诸多方面。大部分研究者依然侧重关注专业媒体经济新闻评论的内容和形式，如分析经济新闻评论的主题、观点、语言风格等，以揭示其中的信息传递和意义构建机制。部分学者关注经

---

① 闻学：《经济新闻评论》，南京：河海大学出版社 2007 年版，第 23 页。

济新闻评论的影响和效果，他们通过实证研究，探讨经济新闻评论对公众舆论、政策制定和市场行为的影响。

其次，网络经济评论研究理论不断拓展，研究方法日渐多元。研究者常常采用文本分析、语言学分析、内容分析等方法，对经济新闻评论进行定量或定性的研究。此外，一些研究还运用实证研究方法，通过问卷调查、实验设计等手段，对经济新闻评论的影响进行量化分析。这些方法的运用丰富了经济新闻评论理论研究的手段和视角。

再次，网络经济评论研究与社会实践和社会热点紧密结合。随着社交媒体的兴起，研究者开始关注经济新闻评论在社交媒体平台上的传播和影响，研究社交媒体上经济新闻评论的特点、传播路径和影响机制，以适应新媒体时代的研究需求。潘智琦[1]提出，自媒体时代来临使新闻评论不再是传统媒体的"专利"，借助于自媒体所具有的开放性、交互性等特点，人人都能成为"评论员"，这对传统媒体新闻评论的地位造成了冲击。郭勇陈[2]等基于意见领袖理论，通过对网络舆情的分析，对现实环境中网络论坛存在的各种参与者的属性及行为进行了研究。同时，一些研究还关注经济新闻评论的道德和伦理问题，网络平台创作中的"数字劳动关系"研究成为近年来的研究热点。

最后，网络经济评论研究对于提高经济新闻报道的质量和效果具有积极意义。国内外一些媒体专门成立了网络评论部门，一方面较为活跃的传统经济评论人转场到线上，成为影响舆论的精英分子；另一方面媒体在开展评论实践的同时，联络、培养或扶持了大批经济评论后备力量，一些具有较高专业理论素养的新型作者壮大了网络经济评论队伍，提高了网络经济评论的声量。

第二节　网络经济评论的主要特征

一、网络经济评论具有多维价值

经济学家樊纲在《经济学的谦虚》一文中指出：所谓经济学帝国主义，当

---

① 潘智琦：《争议性新闻事实报道》，《新闻与写作》2014 年第 4 期。
② 郭勇陈：《新闻评论如何做到"合"情"合"理》，《写作》2015 年第 5 期。

然指的是经济学在"侵略"其他社会科学的传统领地，比如下至婚姻、犯罪等个人行为的社会学领域，上至政府制度、宪法改革等政治学的领域，而且这种侵略并不是一些人异想天开的瞎胡闹，而是一旦发生了经济学的侵入，还真的能分析出一些原来人们没有分析出来的东西，给人们以新的启示，使学科有新的发展。①

经济活动是人类社会生活中最基础、最积极的实践活动，也是人类最古老的社会活动之一，本身充满系统性、创造性、关联性和周期性等特点。无论是国家、群体还是个体，都离不开经济活动，都力求获得最大经济效益和财富增长。同时，经济活动虽然具有规律性，但在具体实践中必须面对各种不确定性，应对各种风险和挑战。特别是进入现代社会以来，经济的影响作用更为明显，经典作家将其总结为"经济基础决定上层建筑"。

在日益纷繁复杂的经济活动中，所有市场参与主体都需要准确解析经济现象、全面把握经济政策、理性做出投资和消费决策，这些需求为经济评论的出现和繁荣提供了价值生成基础。实践表明，越是重视经济发展的国家，对经济评论的需求越大。新中国自确立以经济建设为中心的总路线以来，始终强调"发展才是硬道理"，并在努力争取进入全球产业链以后快速成长为世界第二大经济体，创造出人类社会发展历史奇迹。在这个过程中，推动经济发展、服务大众创造财富是全社会舆论关注的核心命题，经济评论得以成为满足需求不可或缺的组成部分，故而提升经济评论水平是极其重要的社会公共命题。

经济评论与现实经济活动具有高度黏性。近年来，为了提振国内经济，国家出台支持经济发展的政策力度堪称空前，目的在于修复市场活力，提振社会预期与信心。尤其是在多重内外因素叠加背景下，民营经济发展至关重要。持续营造关心民营经济发展壮大的社会氛围，守护企业家创新精神的"人间正道"，舆论环境作为大众观点的公开市场，是对一国、一地营商环境生态的直接反映，也深度影响着各项助企政策的实际效能。特别是由于我国经济、文化发展不均衡，社会上的确存在一些对民营企业地位、社会价值的不正确议论甚至捏造传播虚假信息，严重损害了企业和企业家的声誉与形象，

---

① 樊纲：《经济学的谦虚》，《新闻战线》2017 年第 1 期。

影响企业家对于创新发展的坚定信心，因此在舆论层面，需要一方面着力打造清朗的网络空间，坚决向网络违法者"亮剑"，利用主流传播渠道的覆盖优势，做好企业家精神的公众教育、讲好企业家故事；另一方面需要客观看待经济发展中的各种问题，发表理性的评论意见，立足事实真相平衡处理好支持与批评的声音，当好经济发展的"定音鼓"，做好预期引导和权威定调，不被噪音和衰音干扰，以科学的方法促进社会矛盾的缓和与解决，为社会营商环境的稳定提供来自舆论层面的健康稳定情绪价值的支持。

经济评论与社会生活息息相关。无论在现实还是虚拟世界，人的社会生活主要围绕生产和消费展开。大众熟知的蝴蝶效应、鲶鱼效应、从众效应等，在日常生活中数不胜数。如何通过合法途径获得收入、如何建立合理分配机制、如何打造公平的竞争环境、如何形成理性消费观，等等，都是经济评论应该参与和表达的应有之义。互联网作为新兴公共基础设施，在日常生活中的渗入度越来越高，衍生出大量新业态新模式新场景。根据商务部提供的数据，2023 年，全国网上零售额 15.4 万亿，连续 11 年稳居全球第一；实物商品网上零售额增长 8.4%。事实上，即便在最基础的信息供给方面，我们常见各种噪音甚至谣言当道，严重干扰企业正常运行和微观综合环境，社会各界期盼拨云见日、厘清是非、激浊扬清的呼声越来越强烈。经济评论具有守正清源、守望社会的职责和功能。

经济评论与文化发展密切关联。早在 1952 年，周恩来总理就指出经济建设和文化建设，好比一辆车子的两个轮子，相辅而行。实践反复证明，文化发展需要一定的经济基础，经济发展最终需要文化作为支撑，两者紧密结合，互相渗透，相互促进。进入现代社会，文化与经济融合催生文化经济，形成以经济为依托的各种新文化形态和以文化为灵魂的企业竞争文化，经济与文化"捆绑"得更为结实。在这个过程中，需要防范拜物主义和娱乐至死心态，将文化扭曲为绝对的商品和物质。在网络世界，各类新经济平台、新文化形态如雨后春笋般出现，一方面丰富了经济活动场景，另一方面各种经济利益嵌入其中，经济评论在这方面具有引导正确价值观和财富论的重要历史使命。

经济评论在价值生成过程中，就像张五常所言"遵守着经济学的公理与理论，把解释的范围推广至人类的所有行为去"。也就是说，经济评论并不仅限于在狭义范畴讨论市场效用、交易费用、资源使用与财富分配等专业性"学术问题"，还包括樊纲所言的"一切领域"。从这个角度讲，经济评论的兴起可谓"志之所趋，无远勿届，穷山距海，不能限也。志之所向，无坚不入，锐兵精甲，不能御也"，应当成为影响经济舆情、促进社会和谐和健康持续高质量发展的不可或缺的重要力量。

二、网络经济评论主要特点

(一) 实时性

从狭义角度而言，网络经济评论仍隶属于新闻时评大范畴，因而在时间上需保持新近、新鲜的内在要求，需要和能够及时反映经济动态和事件所内含的"势与理"，需要帮助用户及时准确把握最新的经济情势、趋势和利害关系。当然，这并非说一些缺乏时间要素的议题不能介入，而是强调尽可能符合"时评"的基本标准。或者说，需要具有符合评论及时性要求的"切入由头"。

(二) 新闻性

经济活动渗透于社会的方方面面、角角落落，但并非所有的活动都具有较高的社会价值和评论价值。从传播效果角度而言，网络经济评论需要针对具有较大价值的经济新闻事件、经济行为或经济现象展开意见表达，需要回答大众关注的具有普遍性的问题或疑惑，而具有新闻性的评论内容无疑更能增强传播效果。

(三) 互动性

互动性是所有网络信息传播的内在特征，网络经济评论同样强调交互特点。在网络社交媒体平台，用户具有"产消合一"和"互释人"等新特点，可以在评论区中与作者和其他读者进行互动，分享观点，互释提问，形成多元化讨论和议题协商。议程设置理论在经济评论方面依然适用，特别是这一理论进入互联网时代进化为网络议程设置后，其突出特点便是议题的"共同创造和协商"，即所要展开的评论议题是创造主体充分吸收用户意见的互动结果，而不再是传统的"闭门造车"。

(四) 专业性

相较于其他类型的评论，经济评论具有较明显的专业性要求，即需要从经济视角，使用经济学理论和分析方法进行评述。因此，网络经济评论主体实际上具有相对较高的门槛，对作者的专业知识具有较为明确的要求。比如，对社会经济统计数据的评论解读，就需要充分运用经济专业知识来完成。这并非说所有的经济问题只能从经济理论角度切入，而是说如果最终被定义为经济评论的话，则需要相应的理论工具来辅助，经济学理论则是工具箱中最好的"扳手"。

（五）全球性

1962 年加拿大传播学者麦克卢汉提出著名的"全球村"概念，1969 年布热津斯基在《两代人之间的美国》中正式提出全球化概念。"全球化"虽然突破了经济领域的特定性，具有广泛的包容性，但这一概念本身由国际经济领域衍生而来。实际上，全球化也主要表现为经济全球化，即一国一地的经济问题往往并非独立存在，而是不受空间限制，与外部世界具有紧密关联。"很多看起来不相关的事情，实际上它们是有联系的。"一个经济体在经济领域的很多事情，所受影响和产生影响往往超出这个经济体本身，甚至还牵涉到政治、文化或其他因素。因此，经济评论需要有全球境界和世界视角，需要站在更广域的位置和更复杂的体系之中进行思考。

（六）多样性

随着媒体融合不断深入，相较于传统经济评论，网络经济评论形式多样，既有文字评论，也有图表、视频等多媒体形式，能够满足不同读者的个性需求。从文本风格看，网络经济评论包括政论型、散文型、随笔型、理论型等不同形态模式，每种模式具有自身的内在特征。从内容涉及方面看，可分为民生经济评论、财经评论和产经评论，三种形式在表达范式上差别较大，比如产经评论更注重对企业和产业的关系分析。

（七）可定制性

网络经济评论可以根据读者的兴趣和需求进行个性化设置，使读者能够获取到相关和感兴趣的内容。比如，"数据驱动新闻"被视为大数据时代新闻业不断适应媒介环境变化而探索出的新闻生产的新方式，开放的数据、严谨的叙事逻辑、恰当的可视化呈现方式共同构成数据新闻的基础。与传统新闻不同，数据新闻包括"利基"和"类比"两种模式，前者指对数据进行筛选、整理和挖掘后转化为满足不同层面受众需求的细分化、定制化的新闻资讯，借助于新媒体平台，以直观、易用的形式向公众提供互动式服务，满足公众日益增长的知情、监督和选择的需求。后者指使用量化、质化等社会科学的研究方法，根据报道主题确定相关的"变量"，针对这些"变量"挖掘不同类别和层面的相关数据，让受众通过直观化、互动化的手段进行横向和纵向的类比，促使他们在全球视野下和充分知情的基础上进行理性分析，以免做出"标签"式的臆断或产生"坐井观天"式的偏见。

(八)通俗性

经济评论虽然往往需要应用经济理论专业知识，但作为新闻评论，即便涉及再深奥和复杂的理论，最终的表达也必须保证通俗性，能让大众看得懂、会得意、知所言、明其意。1996年，美国的后现代文化研究期刊《社会文本》曾刊登过一篇文章：《逾越边境——朝向一个转型的量子重力诠释学》。这篇文章的名字很难懂，内容自然也不简单。期刊出现一篇难懂的论文并不令人惊讶，令人惊讶的是，这篇文章的作者索卡尔后来公开表示他完全是胡乱写的。事后，索卡尔与物理学家布瑞蒙合写了一本书《知识的骗局》，书中说明了索卡尔恶作剧的来龙去脉，并留下警示：我们将以许多例子证明，如果作品看似无法理解，最好的理由就是它确实毫无意义。事实上，一些真正的名家在进行评论写作时，即使涉及一些深奥的经济学理论，他们也能将其"转译"为通俗易懂、用户喜闻乐见的语言形式。何况在 AI 和模拟等新技术帮衬下，网络经济评论可采取动漫、图表等易懂形式，让大众一目了然。

第三节　网络经济评论环境感知与使命认知

20世纪80年代经济新闻兴起，是中国新闻业分工细化不可忽视的标志之一。随后，经济新闻开始逐渐成为与"时政新闻""社会新闻""体育新闻"等并列的概念。① 经济评论与经济新闻始终是不可分割的共同体。

从新闻业务生产范式看，评论又具有一定的独立性，因而其生存环境亦具有相对的特殊性。但不管如何，经济评论只有全面感知和准确把握整体环

---

① 叶矛：《人肉搜索与"把关人"理论的调试》，《国际新闻界》2006年第2期。

境，才能具有生命张力。

一、经济环境

经济环境是一个国家或地区的经济发展状况和经济政策因素所构成的条件，宏观经济因素、市场竞争状况、政府政策法规、外部经济状况等都会对经济环境产生影响。世界上任何经济体既不是孤立的存在，也不会脱离经济基本规律，都需要尊重客观经济条件和发展趋势。因此，做好网络经济评论必须具有"一盘棋"的大局意识和宏观视野，需要综合把握经济环境，将一些具象的经济个体事件或零碎的事件信息放置于"宏观大视野"下审视，才能做出理性判断和客观分析，否则完全可能是盲人摸象或只知其然不知其所以然，甚至会陷入南辕北辙的尴尬或泥沼。比如对当前经济状况，存在不同的判断和声音。但不少人在评价时抱持片面思维和极端观点，如果通过历史梳理和横向比较就会发现，我们一方面确实面临着经济增长放缓、就业压力较大、国际市场不确定性等结构性风险并存的现实压力，另一方面也要看到经济结构调整、产业优化升级的决心和科技创新如火如荼等新的成就。因此，在进行评论时就需要全面系统地知晓经济发展的总貌，需要充分观照全球经济状况，需要洞悉经济增速放缓的各种原因和面临的复杂挑战，还需要看到高质量发展的积极进展。只有这样，才能不被"丧调""衰调"左右，也不被高级黑的"低级红"所蒙眼。惟其如此，才符合辩证唯物主义和历史唯物主义，才能有效引导全社会面对成绩不骄傲，面对困难不低头，面对挫折少怨气，面对未来有信心。

二、社会环境

社会环境是一个复杂而又多变的系统，包括社会结构、社会文化、社会经济和社会政策等方面，这些方面都是人们生活和社会运行的重要影响因素，它们之间相互作用、相互影响。现在，社会节奏很快，大家都很忙碌，工作生活压力都很大。我们要营造温暖和谐的社会氛围，拓展包容活跃的创新空间，创造便利舒适的生活条件，让大家心情愉快、人生出彩、梦想成真。经济是"社会的中枢"，与社会系统环境会产生各种联系，其他社会环境对经活动具有强大作用力。让广大人民群众过上好日子，发展经济是我国的最大政治。改革开放以来，我国的国家实力和人民的生活水平都发生了翻天覆地的变化，这一伟大奇迹为世界所公认。在充分肯定成绩的同时，也要看到城乡、区域和行业发展不平衡问题客观存在，贫富差距亟待改善，意见市场鱼龙混杂，"黑天鹅"和"灰犀牛"层出不穷。这些挑战和困难既可能是一些经济活动产生的"果"，也可能是影响经济发展的"因"，它们交织在一起，很容易形成社会情绪，进而影响判断和预期。特别是面对世界百年未有之大变局和改革进入深水区的现实，长期积累的社会风险和外部输入型风险汇集在一起，必然影响社会结构、社会文化和政策主张。因此，如果不能直面并回应社会关切，采取有力措施破除改革阻力，扫除发展障碍，提振发展信心，社会环境便难以改善，反过来会牵制经济发展和民生福祉。

三、媒介环境

媒介环境是指由各种媒介构成的信息传播环境，主要由信息传播者、信息接收者、信息内容和信息渠道等构成。智能互联作为重要变量深刻改变了人们接受信息、传播情绪的途径，也改变了传统生产方式和消费形式，从某种意义上建构了全新的媒介生态和社会生态。随着媒介格局发生深度调整，社会进入"人人都有麦克风"的自媒体时代，个体被充分赋权赋能，在"把关人"缺位情形下，社会问题容易暴露扩散，公共情绪容易形成传染效应，数字鸿沟亦可能产生新的贫富分化。媒介环境变化对包括网络经济评论在内的信息和观点生产产生了颠覆式影响，如评论主体急剧放大，评论对象空前扩散，意见输出途径不断扩充，书写方式日益个性化等不一而足，一方面推动了社会思想的多元化，另一方面也导致观点市场泥沙俱下，各类非理性声音四处出击，社会沟通成本增加。

四、用户环境

与传统的中心化式经济评论供给不同，互联网"去中心化"功能让用户环境发生了历时性巨变。移动互联网时代的用户信息获取更便捷，可以随时随地获取；与外界的联系更频密，互联网打破了地理限制，将世界连接在一起；

需求更个性化，个体自主性筛选权利和意识增强；互动性增强，彼此间互释互动明显。用户除了信息使用环境发生变化外，最大的变化是满足变化。当今，用户主体经过 30 多年市场经济建设洗礼，具有相对较高的经济认知能力和判断能力，尤其是 Z 世代用户收集信息的渠道来源更多，对观点的价值感知意识更强，因此对经济评论的质量要求更高。随着一大批具有深厚经济学理论或丰富经济实践经验的作者加入评论队伍，社会对经济评论水准的整体预期势必转强。

第四节　网络经济评论存在的主要问题

经济评论是对经济现象和政策进行分析和评价的一种重要形式。然而，当前经济评论也存在一些主要问题，主要包括：

一、视角偏差

沃德教授在二战期间关于飞机维护的防护建议，意外产生了认知层面的"幸存者偏差"视角。在新闻评论写作中，也容易存在视角偏差。这里所言的"视角偏差"并非指视角差异，而是指认知和判断脱离了事物实际情况，将受众视觉往不相干的方面牵引或者生拉硬拽往某些自以为是的方向带领，甚至故意炮制牵强附会的"一家之言"。导致这一现象产生的原因，一方面是因为所用资料可能带来"误导"，另一方面是因为受自身认知能力限制或者别有用意而产生主观偏见。不同的视角偏差会导致不同的立场和观点，容易导致评论进入狭隘视野，进而使评论失去客观性和公正性。

二、刻板成见

所有评论都需以事实为依据，以客观为准绳。但一些写作者抱持僵化的知识结构、根深蒂固的刻板印象、刚愎自用的盲目自信，去评论某些经济事件或现象。写作者往往以所谓的个人逻辑自洽来掩盖自己的成见，而忽视评论人应有的全局观、系统观、伦理观。特别是一些较为偏激的作者，往往不顾市场经济基本原则和规律，故意将原本属于市场的问题复杂化，或者有意以偏概全蒙蔽受众，丢掉了意见表达中应遵循的辩证法则，结果带来严重负面影响，引发社会紧张。

三、数字鸿沟

这里所说的数字鸿沟，并非客观因素导致的数字差距或数字分裂（如信息网络服务差距），而是在进行数据选择和解读时选择性挑选数据而忽视其他数据以及数据间的彼此关联。在经济评论实践中，这种因数据系统"脱节"以致闹出笑话的现象层出不穷，其对应的逻辑和分析根本经不起综合检验。究其原因，很可能是存在"知识鸿沟"，亦可能是为迎合某些需要而刻意为之。比如，一些上市公司披露的财务数据之间存在"打架"现象，经不起专业推敲，但一些评论者往往只选择某些对自己观点有利的数据来展开评论，却忘记这些"数据其实是能说话的"，导致发表的看法成为市场笑柄。

四、能力欠缺

经济评论写作需要具备相应的专业能力，往往需要从专业角度对复杂的经济现象进行简化、概括和评价。由于写作者专业能力不够，对评论对象无法展开专业化分析，于是大量经济评论往往被"生搬硬套"成了其他类型评论，看起来言之凿凿，实则只能对经济现象进行表面的分析和评价，对表象背后所指不明所以。当下较为严重的一个现象是，少数所谓专家不知出于何种动机，在发表评论时不仅未体现出专业能力，而且往往将常识丢诸脑后。

五、非通俗性

经济评论属于大众评论范畴，通俗性是其基本要求。因为经济评论写作往往会使用一些经济领域的专业词语和分析模型，所以不少人会有经济评论太专业、太深奥的错觉。这个问题的根源在于写作者的"转译能力"缺陷，没有做到表达上的深入浅出、通俗易懂。实际上，经济评论甚至是理论型非常强的经济评论，都可以转化为受众喜闻乐见的通俗话语。

第五节　网络经济评论写作创新

阎卡林在《经济评论"三步曲"》中提出撰写经济评论的"三步曲"：第一步，了解情况——从多种渠道获取经济信息，用多种手段处理信息。第二步，研究问题——用独特的视角和思路观察、分析经济现象。第三步，精于表达——深入浅出论证分析，依靠事实评说经济。常言道："人靠衣装马靠鞍。"述评和其他言论也有个包装问题。

随着表达个体被互联网赋权"激活"，目前经济评论的写作主体和样式都在发生深刻变化。但上述方法在今天依然具有重要指导价值，尤其在经济评论完成过程方面。

需要指出的是，今天的受众(用户)市场发生了更加深刻的变化，这些变化倒逼经济评论写作必须创新，从而更好地满足受众需求。

一、经济评论写作观念创新

经济评论按评论对象划分，一般分为政治经济评论、民生经济评论、财经评论和产经评论。按行文风格划分，一般分为政论型评论、随笔型评论、散文型评论、理论型评论等。

进入网络时代，许多传统概念被重新定义。新闻信息不再局限于线性文本结构，评论也出现了许多新的表达载体和方式。这就需要我们在观念上破除固化思维，勇敢迎接新事物。比如，某个评论可能是一个带有态度、情绪或意见偏向的跟帖甚至表情符号，或只是引用一个看起来有些搞笑的网络梗来表达意见。

这些变化对网络经济评论写作具有同等影响和启发价值。比如，在文本格式上，现在流行的文图屏结合模式不仅得到经济评论写作者认可，也为受众所喜欢。其中的图，不拘一格，形式多样。又如，在表达风格上，网络中流行的不少"深度好文"，实际上是将过去躺在书本上的专业理论拿来分析各类经济现象，这类文章既像理论文章又像评论文章。还比如，在表达规范性方面，评论也不再完全受限于完整的叙事结构，而是根据媒介特征来选择，公众号后台留言和视频号中的"弹幕"，都属于评论范畴。所以，经济评论创新首先需要认知创新层面的创新，勇于面对新现象，勇于接受新事物。

二、经济评论写作思维创新

长期以来，包括评论在内的信息表达被视为作品，这是典型的以媒介为中心的传播思维。这种思维直接导致评论写作好坏的评判标准不完全掌握在受众手中。有没有读者，读者认不认可，既无人追溯也少人特别在意。进入网络时代，信息供给爆炸式增长，用户掌握消费自主权。相应地，评论不再只是一篇作品，而是名副其实的产品。只有从供给侧进行改革，强化产品思维，才可能占有市场。

产品思维的核心是以用户为中心。这就要求写作者首先要与用户保持密切的互动关系，在交流讨论、对话协商中寻找"最大公约数"。其次，需要更加贴近生活、贴近群众、贴近实际，从用户角度寻找大众关心的议题和关注点。

在现实生产实践中，有一个可供参考的方法同样值得提倡：写作前，收集网友的关注点、情绪点和兴趣点；写作后，先将文章在朋友圈中"试试水"，检测一下受认可状况。如果自己最信任的人，既看得懂文章所言，又对文章观点和写法表示认可，那么，市场上的大概率情形也会如此。

三、经济评论写作技术创新

以计算机为内核的技术在媒介生态演化进程中发挥着底层逻辑的重要作用。大数据、云计算以及 AR、VR、MR、XR 等新型技术在信息生产中的作用日益凸显，已经部分替代人工功能。这些技术在评论写作中的影响力不断增长，已经在部分平台形成强有力的渗透。但对于以人为主体的写作而言，这些都可视为技术工具为我所用。具体体现在以下方面：一是通过新技术实现信息获取和数据抓取，增加选题宽度和论据丰富度。数据在经济评论中的作用日益凸显，不仅可以研发出新闻和观点，还可以深耕为更广泛的用途。写好经济评论，需要不断增强数据运用能力。二是通过技术手段查验论证过程中所采用的相关理论是否合理、相关逻辑是否成立或完善。AI 在验证环节的作用正受到重视，在评级评论领域发挥越来越大的作用。三是依靠技术手段增强传播效果，实现产品效用最大化、最优化。传播平台选择一方面依靠自身经验，另一方面可借助技术手段实现。四是通过技术手段及时完成对自己产品的数据归集和分析报告，从而帮助写作者不断发现市场需求和自身不足。虽然这是后置环节，但这种回馈机制对提高写作创新能力有极大的帮助。

四、经济评论写作表达创新

(一)选题创新

经济生活生动而丰富，各种新事物、新现象、新行为、新手法、新热点、新挑战、新矛盾层出不穷。特别是在虚拟现实混合的世界，新生事物和现象更为常见，这给我们的选题扩展提供了机会。"不变"的东西当然可以发表意见，但如果没有新的角度或新的素材，循环往复"吃别人嚼过的馍"，或者平平淡淡"唱四季歌"，就不可能吸引用户的兴趣。所以，经济评论首先要从丰富多彩、纷繁复杂的社会实践中敏锐捕捉到政府、社会和大众关心关注的好选题。

(1)密切关注国家政策变动带来的变化。政策涵盖从供给侧到需求侧的各种领域，其效应覆盖生产、流通、消费、投资等各个环节。从政策本身、政策实施到政策效果，都存在大量可供发掘的议题。

(2)密切关注市场波动及其影响。市场上的任何风吹草动，背后必有原因。市场表现是观察经济运行的窗口，也是评论选题的"藏宝图"。

(3)密切关注国际信息，特别是经济方面的信息。改革开放以来，我国始终坚定不移实行对外开放战略，与国际间的经济往来日益频繁，国际信息对国内市场的影响不断加深，外部信息成为经济评论选题的重要来源。

(4)密切关注消费者行为。受政策因素、技术因素、文化因素等多重因素影响，各种产业新业态、产品新形态、生产和消费新场景风生水起，消费者的消费意愿与动机、消费偏好与行为都在随时发生调整。从消费者的一举一动中感知变化、分析影响，是经济评论义不容辞的题中应有之义。

(5)运用各类数据库或建立私人微数据库，通过对数据的研发，寻找选题。

83

（二）角度创新

社会在变化，时代在前行，看待经济现象和经济问题不能一直戴着某种颜色的眼镜，需要结合新的形势和情势，灵活调整时空坐标，从新的角度进行诠释。就像新闻报道策划创新一样，经济评论角度创新可以结合时间、空间、关系、情境等维度寻找灵感。

（1）时间维度。从时点的独特性、时段的特殊性和历史的规律性出发，通过历时性分析寻找共时性特点，通过历史唯物主义视角去评析经济行为和现象。

（2）空间维度。经济活动必然发生在相应的社会空间，对其评价不能脱离具体场域。特别是在国家发展权、经济话语权、公众消费权等方面，需要跳出传统视角窠臼，从产业链、价值链、生态链等更广阔的社会空间结构和运行机制中展开论证。

（3）关系维度。经济是社会活动的中枢，经济政策、经济信息、经济事件、经济现象和经济行为关乎国计民生，关乎人类共同体建设，关乎千家万户的日常，因而评论需要以"满足人民日益增长的美好生活需要"为出发点和落脚点，从关系网络搭建中寻找切入角度。

（4）情境维度。一是注重背景发掘，避免看问题时简单粗暴；二是注重细节运用，避免谈问题时"满嘴跑火车"；三是注重情景反映，避免脱离情节带偏节奏。

（三）结构创新

稍不注意，评论写作就会陷入某种模式，经济评论写作亦然。网络经济评论不应受制于某种约定俗成的叙事结构。不同于新闻报道可以借助时间叙事、空间叙事，经济评论更强调逻辑叙事，因此只要在逻辑层次和逻辑关系上通畅，无须遵循传统的评论结构。如果说一定要采取某种结构的话，最易于将道理讲清晰、最易于用户阅读和理解的结构，便是最优结构。

（四）数据运用

经济评论中添加相关数据，可以增加论证的客观度和可信度，从而有效规避个人的感性体会或经验判断。数据发掘和运用能力是整个新闻生产战线都需要具备的基本素养，在经济评论表达环节，这一素养更应得到充分夯实。其中，数据辨识力是最基础也是最重要的环节，需要通过日常训练来提升。所谓数据辨识力是指能够知晓数据或数据组所包含的信息所指和潜在价值。

(五)理论运用

对经济行为和现象的评论，最有力的方法是运用相关经济理论来进行解析。因为经济理论有相应的自建逻辑或模型支撑，一般接受过经济实践的检验。需要特别注意的是，在经济评论写作过程中，需要尽量避免将原本属于纯经济层面特别是纯市场层面的问题扩大化、歪曲化。同时，任何理论都是一种分析框架，都需要结合具体素材来进行解释，避免理论不接地。

(六)媒体使用

从传统纸媒评论到电视、网络媒体评论，再到社交媒体、平台媒体评论，评论写作经历了多次巨大转变。当前，短视频和网络直播成为评论发表的新风口。写作者在生产产品时需要充分结合传播渠道特色，尽可能按平台规则和用户习惯进行定制生产，并选择最优分发渠道。

参考资料

1. 郭存举：《融媒体环境下经济新闻评论创新路径选择——基于〈经济日报〉近 60 篇评论稿件的分析思考》，《中国记者》2023 年第 2 期。

2. 刘决育：《财经新闻评论写作教学的障碍与超越——基于"目标学习理论"的分析》，《今传媒》2013 年第 12 期。

3. 阎卡林：《经济评论"三步曲"》，《中国记者》1999 年第 1 期。

4. 朱清河、魏潇：《经济评论的草根意识与"弱势"关注——以央视〈今日观察〉为例》，《当代传播》2010 年第 1 期。

5. 胡旭：《建构党报经济评论的稳预期叙事》，《新闻战线》2023 年第 21 期。

6. 闻学：《当前经济新闻评论变化管窥》，《新闻界》2007 年第 1 期。

7. 闻学：《报刊经济新闻评论的话语选择》，《写作》2007 年第 10 期。

8. 刘洋：《中美经济新闻评论语篇中的态度评价研究》，《北方经贸》2015 年第 10 期。

第四讲　网络文艺评论理论和方法

第一节　网络文艺评论研究综述

一、提升网络文艺评论水平已成为不可回避的时代任务

近些年来，伴随着种类越来越繁多的文艺作品日益走进大众视野，文艺评论体系的建构受到更为广泛的关注。一方面，在 Web2.0 时代向 Web3.0 时代逐步过渡的大环境之下，文艺评论的创作形态以及发展生态都在被深深地重塑着，主要体现在文艺评论的创作主体、评议对象、呈现手段、传播路径、影响模式都在发生着深刻而重大的变化。另一方面，由于新兴的文艺形态层出不穷、良莠不齐，全新的文艺生态正在被孕育，从属于上层建筑范畴的文化领域迫切需要评论作品的及时介入，从而对文艺实践的发展给予及时和切实的引导。

策·杰尔嘎拉认为：文艺评论与文艺创作，长期以来都被视为鸟之双翼、车之两轮，二者缺一不可，相得益彰。[①] 由此观之，无论是推动文艺创作走向繁荣，还是完善评价体系，尽快培育网络文艺评论力量、提升网络文艺评论水平、强化网络文艺评论影响，已经成为无法绕开、不可回避的时代任务。[②]

[①]　策·杰尔嘎拉：《文艺评论是文艺创作的一面镜子》，《内蒙古民族大学学报（社会科学版）》2016 年第 3 期，第 64~69 页。

[②]　彭宽：《网络文艺评论建构的三个基本向度》，《中国文艺评论》2022 年第 9 期，第 88~96 页。

二、何为文艺评论

（一）文艺评论是一种理论见之于实践的文艺活动

在看到一篇评论作品时，我们也许很容易去判断"这不属于文艺评论"，因为在上层建筑领域，文艺与法治、制度等的边界还是较为清晰的，但假如要对"文艺评论"下一个清晰而具体的定义，可能并不是一件容易的事，在浩如烟海的与文艺评论相关的研究文献中，也鲜有对"文艺评论"概念的准确界定。笔者通过查阅中国文艺评论网站（www.zgwypl.com）发现，网站中的投稿要求明确提出：凡是文学评论、戏剧评论、电影评论、音乐评论、美术评论、曲艺评论、舞蹈评论、民艺评论、摄影评论、书法评论、杂技评论、电视评论、艺术理论、美学美育文章等，均可以作为投稿作品。由此，我们不妨对文艺评论的定义用归纳法的方式来进行总结：文艺评论是依据一定的美学原则和思想立场，对艺术领域中的创作主体、作品、理论、现象等进行带有主观性的分析和评价的工作，是一种评论主体与评论对象发生关系、理论见之于评论实践的文艺活动。

（二）中国文艺评论的历史源流

关于"中国文艺评论的传统在历史中是如何形成的"这个问题，刘纲纪在接受刘耕与王海龙的一次采访中表示：文艺评论的发展是与文艺的发展相伴而生的，假如没有文艺，那又何来评论的对象呢？而谈到中国文艺的发展，不仅历史极为悠久，而且形式颇为浪漫。中国文艺的兴起与上古时代"乐"的发展息息相关。这里所说的"乐"，不仅包含声乐演唱，还包括各种古代乐器，其中最具代表性的当属中国古代特有的打击乐器。在一场表演之中，打击乐器负责提供富有节律的鼓点，乐工们负责演唱，其间还不乏伴舞，因此，这里所说的"乐"，可以被认为是中国古代的一种综合性艺术。它是在国家举行祭祀先祖、祭拜天地和庆功的隆重典礼上演出的，目的是激发君主统领下的百官、臣民对国家的热爱，增强他们的民族自豪感。正因为中国古代文艺的发展离不开"乐"的创作与演出，所以中国古代文艺评论最初的发展，大多是围绕"乐"展开的。①《左传》中记载了吴国公子季札"观于周乐"时，不断用

87

---

① 刘耕、王海龙：《由中国古典美学探寻文艺评论的根脉与未来——访美学家刘纲纪》，《中国文艺评论》2017 年第 4 期，第 110~124 页。

"美哉"来形容他对"周乐"（包含歌与舞）的感受。虽然类似于这样的感受已经上升到了评价的维度，但这种评价只表达了季札对《周乐》的主观感受，缺乏更加深入、客观的评论性表达。

季札之后，同样也是生活于春秋时代的孔子，其对中国古代"乐"的评论朝着更为生动、深刻的境界推进了一大步。孔子在讲述他对于古乐的理解时，大量使用了《老子》中的"味"的概念。这不仅是因为中国古代很早就讲到了"五味""五色""五声"的美，而且还因为文艺评论是与评论者对作品之美的品鉴与欣赏分不开的。除此以外，孔子还特别地区分了"美"与"善"，提出了文艺创作既要"尽美"，又要"尽善"的观点，这一观点富有一定的时代前瞻性，从而也对中国后世文艺创作、欣赏与评论都产生了极为深远的影响。孔子之后，我国古代的文艺评论又经历了漫长的发展过程。

毋庸置疑的是，经济基础决定上层建筑。文艺评论作为文化上层建筑中的一部分，必然带有其所从属的社会环境的影响制约因素。因此，我国古代文艺评论伴随着漫长的世代更迭，既有相对稳定的表达与呈现形态，也在朝代的流变之中不断更新着自身的价值内核。南开大学的宁稼雨教授认为：中国古代文学评论基本评价准则这个文艺批评价值观念的"内核"之所以会出现动态变化，是由我国文学发展过程中帝王、士大夫、市民这三种阶层群体在文学舞台的主次地位演变所决定的。①

帝王文化是华夏文明的奠基时期，其时间跨度大致为先秦至两汉时期，王权意志是其鲜明的核心特征。帝王这个价值评判主体的特殊社会身份决定了文艺评论的价值导向必须是为皇帝利益张目，诸如"道德观念""教化观念""忠君观念"等。在中国文学批评史上占有重要地位的《毛诗序》中也提出："颂者，美盛德之形容，以其成功告于神明者也。""治世之音安以乐，其政和；乱世之音怨以怒，其政乖。"在《毛诗序》的作者看来，作为一切文学艺术形式最高代表的诗，其全部责任和价值就在于对民众进行人伦秩序、道德情操的培育与教化。

士人文化是中华文化的发展兴盛时期。从魏晋南北朝至唐宋，前后大约

---

① 宁稼雨：《中国历代文艺评论价值评价主体及其评价特色》，《学术研究》2019年第1期，第152~161页。

一千年的历史时间为我国文人文化时期。在此期间，中国文化的特征已经发生了显著的改变。虽然帝王文学的根基依旧坚固，但以文人学士为主体的中国文人文化开始逐渐成为中国文化舞台上的主角。士人不仅是中国古代文艺评论价值体系的整体构建者，同时也是"真善美"的价值体系中以"美"为内核的价值评判标准在中国古代文艺评论体系中安家落户的操作者。从谢赫的《画品》，到钟嵘的《诗品》，再到刘勰的《文心雕龙》，"从审美角度进行价值评价"的思想方式被不断传承，由此中国古代文艺评论作品的美学价值判断标准已经被作为一个既定的价值评价模式确立了下来。

市民文化是中国文化的深刻转型时期。其实这一阶段从宋代就开始慢慢产生了，并且大体包含了元、明、清三个朝代。经过隋唐时期经济繁荣的积累，外加宋代统治者颁布了许多有利于经济发展的有力措施，宋代城市经济的繁荣不仅形成了数量庞大的市民阶层，而且还直接引发了市民阶层对精神文化的强烈需求。市民阶层在获得相对独立的社会地位后，成功实现了在中华文化舞台上的登台，这极大地改变了中华文化的基本框架。以李贽为代表的市民文化代言人们，不仅以新历史观颠覆了以往的复古文学观，更是以"真"作为文艺评论价值评价标准，提出了与"帝王""教化"文学价值判断标准针锋相对的文艺评论价值判断标准。

总而言之，一切文艺评论都是具有社会历史性的个人活动，所以在文艺评论漫长的历史发展进程中，总体上呈现出的是凝固和动态相互交织的过程。

三、互联网时代下的文艺评论

广义而言，网络文学作品与互联网的发展是同步的。在互联网进入中国以后，我国的网络文艺形态也就开始产生了。这主要体现在两个方面：一是文学、电影、电视等传统文艺形式在互联网上延伸，变成网络文学、数字电影、数字电视等；二是数字时代也产生了新的文艺形态，如网络游戏、网络视频、网络直播等。[①] 2014 年，习近平总书记在文艺工作座谈会上明确提出"网络文艺"的概念，提出"互联网技术和新媒体改变了文艺形态，催生了一

89

---

① 张慧瑜：《数字时代文艺评论的媒介形态、社会治理与传播机制》，《中国文艺评论》2021 年第 5 期，第 29~38 页。

大批新的文艺类型，也带来文艺观念和文艺实践的深刻变化。"①网络文艺评论也可以被认为是和网络文艺同时诞生与发展的。

（一）互联网对文艺评论的"媒介赋权"

在当下，互联网几乎为各种文艺作品提供了安身的评论场域，而互联网技术与文化构成的"媒介赋权"，也催生了自文艺诞生以来最大体量的"文艺评论"群体。评论构成了巨大的声量场，与作品共同建构了话语空间，甚至也催生了更多新的文艺评论形式，例如视频解说、音频、弹幕讨论、表情包等，这些都让文艺评论作品有了更为强大的跨媒介传播力。

杨慧认为，在互联网时代下，多元主体、多重媒介形式、多维话语空间，使文艺评论获得了巨大的"扩音"效果，形成了庞大的融合文化与"集体智慧"②。在同一个互联网场域之下，面对相同的文艺作品，传统意义上的主流话语倾向解读文艺作品的"文章合为时而著"的意义，而学院派评论往往结合立论为作品在体系中寻找坐标与判断标准，网民们由于并不具备富有社会影响力的"个人标签"，他们的评论常常千奇百怪，但其核心常是高互动、多交流，由此文艺评论成为趣缘社群的游乐场或辩论台。

但值得注意的是，这些不同体系之间的对话通路显得并不是十分通畅，假如从围绕作品本身形成的评论场域，以及从阅读评论的受众一端来看的话，融合态势则已然粗具雏形。受众在面对一部文艺作品时，可以被选择、参考的评论更加丰富多样，这在某种程度上能够帮助读者形成对文艺作品的预期和态度。以 2023 年春节期间上映的电影《满江红》为例，主流话语通常形容该电影是一部富有家国情怀的巨制。但学院派评论在结合了历史背景后，可能会指出电影没有尊重历史事实，《满江红》究竟是不是岳飞写的目前争议很大。而普通网友的话语分异更为明显：部分网友认为《满江红》不过是一个升级版的剧本杀，叙事一点也不宏大；但另一部分网友在听到"全军复诵——《满江红》"时难免心情澎湃。就这样，电影《满江红》凭借声势浩大的文艺评论以及二次创作，成功保持了上映阶段热度持续不减的态势。

---

① 习近平：《在文艺工作座谈会上的讲话》，人民出版社 2015 年版，第 12 页。

② 杨慧：《扩音、噪音与消音：互联网时代文艺评论及受众使用》，《首都师范大学学报(社会科学版)》2023 年第 1 期，第 78~81 页。

正是互联网时代文艺评论多元主体的合作与融合，共同构建了围绕文艺作品的持续的社会情绪，最终形成了对文艺作品的"扩音"效果。

（二）互联网时代文艺评论的"泛化"

传统的文艺评论大多是由专家学者利用系统的研究理论、缜密的思维逻辑对文学问题做出专门的评价。但在步入网络时代之后，评论的环境越来越开放、自由了。伴随着人们审美能力的不断提升，审美标准也不断发生着嬗变。张译文认为：自从步入互联网时代以来，"泛化"便成了文艺评论的新现象。① 其中主要包含三个方面的"泛化"：文艺评论者的泛化、文艺评论对象的泛化以及文艺评论语言文本的泛化。

现如今，互联网时代下的文艺评论家们群体年轻化、多样化趋势越来越显著，针对文艺进行评论的互联网用户具备各种各样不同的知识背景，分属不同的文学圈层。他们或通过网络媒体进行富有个性化的思想表达，或利用互联网针对文艺作品进行客观冷静的评价，或只是利用互联网借助文学作品这一载体进行情绪宣泄。相较于传统的文艺评论作品，尽管这些作品可能缺乏较为全面的理论体系和专业性的评判标准，写完一篇的耗时也相对更短，但这部分群体基于自身多元化的生活背景和社会实践，在网络上实现了更加"接地气"的表达，比如"55555""xswl""yyds""kdl"等，这些看上去有特定场域以及适应人群的话语体系，已经越来越多地渗入到人们的日常对话当中，甚至是一些专业的评论之中。

基于互联网的社交媒体最重要的作用，在于将不同文化背景的人聚集在一起，进而形成开放宽容的网络氛围。但需要注意的是，文艺评论并不能因为符合现今的互联网氛围就降低品位。流量并不是评价文艺价值的唯一标准，更没必要因为要夺人眼球就创作出低俗、无趣的文艺批评。

四、网络文艺评论的价值呈现

一般来说，价值是客体所具备的功能与主体需求之间的一种对应关系。一旦客体的功能能够配适主体的需求，则被认为是有价值的，反之客体的存

---

① 张译文：《泛化：新时代文艺评论的新现象》，《大舞台》2021 年第 5 期，第 55~58 页。

在便无价值。那么价值观又是什么呢？价值观是基于人的一定的思维感官之上而对客体所做出的认知、理解、判断或抉择，也就是人认定事物、辨别是非的一种思维或取向，从而体现出人、事、物一定的价值或作用。按照这样的理解，文艺评论的价值观就是评论者对文艺现象或文艺作品的主观取舍和价值判断。文艺评论的对象十分丰富多元，不仅考虑到文艺作品的鉴赏、创作、功能、发展等现象，而且顾及文艺作品自身所表现出的风格、形式、内容、旨趣等。

相较于传统意义上的主流文艺评论，网络文艺评论没有那么强的意识形态属性，评论的选题常常聚焦于某一特定的文艺领域现象，在说理阐释方面往往具有更为深刻的学理性。此类作品往往由该领域的权威人士撰写，能够为读者提供一定程度上的信息增量。当然，此类文艺评论在行文方面相对而言更具自由性，不拘泥于特定的逻辑轮廓，也不束缚于刻板的程式结构，评论者不执着于各种"高大上"的专有名词，而是希望达到"观赏评析"。

有一个例子很有意思：北宋画家范宽的《溪山行旅图》自问世以后，其主题、风格、内容等方面就常常被观众激烈地讨论。争论不外乎两类颇具分歧的看法：部分观众认为，画作是画家"写意"与师"心"的产物，旨在表达画家自我超然物外的心境；另一类观点则认为画家意在"写实"与师"目"，是画家"度物象而取其真"的结果。这两类观点哪一个更为恰切？参考围绕画作的部分网友评论或许有助于我们对画作形成更精深的见解。有一篇文艺评论融合了"写实"与"写意"这两种观点，认为《溪山行旅图》是范宽将浩瀚的宇宙（心象）与眼前的山水（物象）及自身的心灵（心意）相融合而成的结晶。

通过以上这个例子，我们可以简单得出几点结论：一是面对文艺作品的不同理解（在这里并不是不鼓励观众形成不同的理解）时，或许主流评论之外的网络文艺评论能够为观众提供一种可以参考的全新视角。二是经典艺术作品的网络文艺评论虽然不可脱离艺术作品本身而展开天马行空、漫无边际的无限延伸，但常常会在与不同评论作品的交流、借鉴当中，对作品意义带来补充完善乃至提升创新的强大作用。三是文艺作品的网络评论，作为一种真正能够服务于不同文化程度、知识水平的观众，其本身携带的解构性逻辑以及贴近性、直观性表达，能够为文艺作品带来更大的飞跃，如有可能，甚至还会引发艺术领域的不断创新。①

但在此需要澄清的是：网络文艺评论与传统意义上的主流文艺评论在高下、优劣方面并没有天然的差别。相反，两者在相互交融、相互补充中不断充实和丰富中国的文艺评论领域，让文艺评论呈现出更为多元、包容的壮观图景。

第二节 网络文艺评论新特征

从网络的属性上看，互联网的发展目前经历了三代历程。第一代互联网属于"功能型"，个人通过网络与工作、生活系统连接起来，形成在线社区或支持离线群组，如电子邮件、网上书店、报刊网络版等。第二代互联网属于"社交型"，也被称为"新新媒介"。由于网络的快速发展，人们已经形成了各种新型通信媒体应用程式，互联网服务商们通过将原有提高交流手段转变为相互交流信息的网络交际方式，把更多的信息生产力送到了每个用户身上，人们既是用户也是信息内容生产商，而这种全新一代的互联网交际方式，也就彻底改变了人类日常生活、工作和休闲中的活动模式。② 第三代互联网主要是指"虚拟型"，用户借助虚拟的数码化身或代理，在虚拟世界里生活、娱乐、工作，近年来风生水起的"元宇宙"即属于这一类型。但是作为一个相对新潮的互联网形态，第三代互联网目前还处于普及初期，距离实际应用还有比较漫长的时间路径要走。在一段时间内，我们还将处于以社交网站为代表的第二代互联网社会，主要包括：博客（Blogger，1999）、维基百科（Wikipedia，2001）、Myspace（2003）、脸书（Facebook，2004）、Flickr（2004）、YouTube（2005）、豆瓣（2005）、推特（Twitter，2006）、百度百科

---

① 谷鹏飞：《"业余"文艺评论的价值——以对范宽〈溪山行旅图〉的评论为例》，《社会科学辑刊》2023 年第 2 期，第 172~175 页。

② ［美］保罗·莱文森：《新新媒介》，何道宽译，上海：复旦大学出版社 2011 年版，第 4~7 页。

（2006）、优酷（2006）、微博（2009）、B 站（Bilibili，2009）、Instagram（2010）、LINE（2011）、微信（2011）、快手（2011）、抖音（2016）等。①

网络深刻改变着我们的生活方式和社会交往方式，也为网络文艺新闻评论赋能，呈现出新的特征。

一、互联网的普及化驱动着网络文艺新闻评论的大众化

据统计，截至 2022 年 12 月，中国网民总量为 10.67 亿，较 2021 年 12 月增长 3549 万，网民渗透率为 75.6%。使用微信、QQ 等即时通信的用户数为 10.38 亿，较 2021 年 12 月增长 3141 万，占网民总量的 97.2%。网络新闻用户数量为 7.83 亿，较 2021 年 12 月增长 1216 万，占网民总量的 73.4%。此外，抖音、快手、小红书等软件，也正逐渐从休闲、生活、社区等应用转变为具有新闻特点的信息网站，并成为中国网民获得知识的重要渠道。网络视频（包含短视频）的网民数量为 10.31 亿，较 2021 年 12 月增长了 5586 万，为中国网民总量的 96%，其中短视频网民数量为 10.12 亿，较 2021 年 12 月增长了 7770 万，共为中国网民总量的 94.8%。②

网络突破了时间、空间和人际关系等限制的特性，让每个人都能够在"公共空间"中随意发言。而在传统的媒体环境下，评论人士多由知识分子以及权威机构的从业人员组成，备案登记门槛也更高，评论标准更加单一化、精英化。在今天，每一位具备某方面特长的普通网友们，都能够在互联网上享有自我发言的空间。③ 社会化媒体则为每一个人都提供了平等参与文艺评论的机会。网络评论也被看做网友们重新获得话语权和自由表达的重要途径，从而导致在某些无法保存下来并传承至今的街谈巷议中成了"可见"的意见，被更多人所看见和转发。④

94

---

① 胡疆锋、刘佳：《云中漫步还是退而却步——论社交媒体与文艺评论的转型》，《中州学刊》2022 年第 4 期，第 140~147 页。

② 《中国互联网络信息中心发布第 51 次〈中国互联网络发展状况统计报告〉》，《国家图书馆学刊》2023 年第 2 期，第 39 页。

③ 常江：《网络评论的是与非》，《人民论坛》2017 年第 24 期，第 128~129 页。

④ 张慧瑜：《数字时代文艺评论的媒介形态、社会治理与传播机制》，《中国文艺评论》2021 年第 5 期，第 29~38 页。

二、基于大众参与下的强交互性

网络时代的文化核心就是互动。① 互联网的新闻批评具有群众参与的民间魅力，网络给每个人创造了一个民主的文艺批评平台。社交互联网的文艺评论也改变了传统的"文本—评论"单向关系，并打开了艺术家和观众之间的交流壁垒。以剧评为例，在电视剧播出期间针对某一情节或人物关系发表评论、为电视剧制作视频在影响空间上互动、播出接近尾声的全面辩驳式的互动等，这些个体间的交互对集体剧评控件的建构有重要作用。② 与传统媒介（如报纸、广播）的功能有所不同，网络将成为一个数字社会的"新媒介"，将信息传递的方式由单向度转化为双向的交互传递。网民、消费者等受众具备了自主进行资讯传递、消息交换的能力，从疯狂的粉丝群体到普通的消费者都以各种不同的形式参与网络文明的形成，网络评论也成为一个"参与式文化"③。

三、评论参与渠道的多元化与作品媒体形态的多样性

网络文艺评论具有多样性、多元化的特点，这一特点体现在发表和阅读网络文艺新闻评论渠道的多元化以及网络文艺新闻评论作品媒体形态的多样性上。传统文艺的新闻批评主要以报纸副刊、专业刊物以及文学作品座谈会为主，产生了理性论述、严密论证、深入分析的新闻批评场域。④ 随着社交媒体的发展，读者也可以通过微博、抖音、豆瓣等多种社交平台阅读并发表评论，这体现了评论参与渠道的多元化与跨媒介性。与此同时，除了传统的文字评论之外，还有图像、音频等多种表述形式，甚至产生了弹幕、表情包、

---

① ［美］唐·泰普斯科特：《数字化成长：网络世代的崛起》，陈晓开、袁世佩译，大连：东北财经大学出版社 1999 年版，第 111 页。

② 唐晓睿、焦道利：《融媒体环境下电视剧网络评论的新特点》，《中国电视》2020年第 3 期，第 87~90 页。

③ ［美］亨利·詹金斯：《文本盗猎者：电视粉丝与参与式文化》，郑熙青译，北京：北京大学出版社 2016 年版，第 81 页。

④ 张慧瑜：《数字时代文艺评论的媒介形态、社会治理与传播机制》，《中国文艺评论》2021 年第 5 期，第 29~38 页。

鬼畜图等大量新颖的视觉化方式。这些丰富多彩的评论方式使得网络文艺评论更加生动、丰富，更能够吸引读者的注意力。这种多样性和多元化使得网络文艺评论更加生动、丰富，更能够吸引读者的注意力。

四、由社交媒体所决定的直接性和即时性

社交媒体的特点是直接且即时性的，"媒介就是速度"。网友们的评论看似散漫、随性，实则犀利、敏锐。一个文艺作品，特别是电视剧，很可能在还没有面世之前，就会通过建立贴吧、论坛以及在综合性网站上产生的关于该优秀文艺作品话题，将一些观众放置在一个拟态气氛中去。而一旦开播，从以往就开始积攒的人气也就迅速转化成了评论人群，在互联网中也能够针对热播的电视剧内容迅速做出反馈，甚至有的还可以做到一边直播一边回复（弹幕），这种即时直播的评论模式挑战了常规的剧评模式，每一条评论的内容不再是单向、静态或是被过滤性地保存在空间中，反而主动、积极地在互动关系中产生不断变化的内容。① 以网上争议较大的电视剧《后浪》为例，该剧以中医文化为底色，讲述新老两代中医人的思想碰撞与文化传承。但该剧刚播出五集，就引来了网友们的一片骂声。网友们批评吐槽的点主要在以下三方面：首先，情节粗制滥造有违常理：中医大师传承班标榜要超越现代大学教育、弘扬中医文化，但招生过程却率性随意，且没有具体的大师班招生标准，男女主以及吴刚一家对超市女孩的诊断太过草率。其次，角色人设拉胯：为了塑造女主孙头头的成长型人物的人设，设置孙头头给客人头上扔外卖、打人、闯红灯等离谱情节，前期人设不是一个正常人，而是"疯子"。最后，封建糟粕和厌女思想无处不在：孙头头穿衣服声称衣服"娘唧唧"，师父任新正想要教育孙头头的目的是假如孙头头当不了传承人，也能"为社会培养一个懂礼貌、善持家的一个好媳妇"。当然也有部分网友肯定这部剧将传统文化与青春剧结合，另辟蹊径让观众耳目一新，此外勇于揭露现代中医存在的缺陷，直面中医断代的风险，大胆探索拯救中医传承的勇气。与此同时，《护心》《长月烬明》这类连续剧或是《乘风破浪的姐姐》《中国新说唱》这类综

---

① 张译文：《泛化：新时代文艺评论的新现象》，《大舞台》2021 年第 5 期，第 55～58 页。

艺，每每一发布都能引发广大粉丝的热烈关注：对角色妆容的评价、对剧情走向的预测、对某个角色的吐槽……网友们或是去微博、抖音等平台的电视剧官方评论区进行文字、表情包吐槽、催更，或是借助剪辑软件等技术制作作品，将评论立体化、图像化，也能获得诸多粉丝点赞、评论或转发。社交媒体善于抓住话题点，发表直接即时的文艺评论，这也使得网络文艺新闻评论成了一个更加迅速、及时的信息传播渠道，读者可以在第一时间了解到最新的文艺作品和评论。

五、网络传播固有的网络化和情绪化

现如今，由于网络的发达，人们一直保持"永远在线"的精神状态，将生活融入互联网，人们相互之间的联系也达到了非常紧密的程度。网络传播具有匿名性、碎片化、情绪化等特点。[1] 网络文艺新闻评论是在网络环境下进行的，必然具有网络化的特点。评论可以通过搜索引擎、社交媒体等渠道进行传播和推广，网友可以不受拘束地进行个性化和情绪化的表达。但与此同时，也一定要提防网络文艺新闻评论的"唯网络化"和"极端情绪化"。一方面，过度追求微评、弹幕视频、跟帖、短视频等碎片化言语方法，以及俏皮话、毒舌等娱乐式言语技能的做法，是与互联网上文艺新闻评论真正的网评风格、实际任务相悖的。"网络化"应该是深刻的、专业的、理性的网络化，[2] 始终坚持网络文艺新闻评论内容与形式的统一。另一方面，新媒体的出现也让网络文艺新闻评论变得非专业化、去精英化，甚至是随意化、极端情绪化。大量评论过于强调个人化的意见表达，情绪化倾向明显，缺乏评论的专业性，缺乏基本的学理判断和思考，甚至与正确的价值观相悖。以粉丝型评论为例，粉丝出于对偶像的喜爱和崇拜，常常以组织化行为，例如"控评""洗广场"等，通过制造大量评论来霸占言论空间，同时"围剿"相关异见，最终实现对处于公共议题中的人或者作品形成单一化的声音。这种极端情绪

---

① 夏潮：《全媒体时代语境下文艺评论的机遇与挑战》，《艺术百家》2015年第1期，第7~10页。
② 彭宽：《网络文艺评论建构的三个基本向度》，《中国文艺评论》2022年第9期，第88~96页。

化表达也易使网络文艺评论走向商业化和夸张化，却丢弃了原本想要表达的东西。①

第三节 网络文艺评论新挑战

正如习近平总书记在文艺工作座谈会上所提到的，互联网技术和新媒体改变了文艺形态，催生了一大批新的文艺类型，也带来文艺观念和文艺实践的深刻变化。对于文艺评论而言，如今的互联网时代"是最好的时代，也是最坏的时代"。

网络技术的发展在带给旧有文化格局以深刻影响、孕育网络文艺新形态的同时，也给网络文艺评论带来了新的挑战——纸媒式微，网媒兴起，文艺评论的平台与环境发生深刻变革；专业评论日趋边缘化，网民评论蓬勃发展，旧有评论格局被打破……以下，笔者将主要从以上两个维度对网络文艺评论面临的新挑战进行论述与分析。

一、文艺评论环境发生深刻变革

当前，我国已经历了以博客为代表的 Web1.0 时代与以微博为代表的 Web2.0 时代，正在逐步迈进以短视频为代表 Web3.0 时代。毫无疑问，互联网媒体已经成为当今时代触及面最广、影响最深远的媒体平台。

随着网络技术的发展，一方面，传统文艺形式在互联网、移动互联网上无限延伸；另一方面，网络时代也催生着新的文艺形态。作为与文艺作品相伴相生的文艺评论，也在逐步脱离传统媒体的创作与传播环境，完成自身的数字化转型。而这深刻变革的媒介环境以及与之相伴而生的媒介生态，也正是网络文艺评论面临的主要挑战。

（一）平台移动化，评论呈现碎片化、异化趋势

移动化是当今互联网环境与生态最典型与最突出的特征。早在 2016 年，中国就有超过 90% 的手机接入了互联网，手机这一主要的移动数字终端已经

---

① 张慧瑜：《数字时代文艺评论的媒介形态、社会治理与传播机制》，《中国文艺评论》2021 年第 5 期，第 29~38 页。

成为人们日常社交与获取信息的主要媒介，包括网络文艺评论在内的媒介内容形态亦深受其影响。

信息碎片化是互联网时代，尤其是移动互联网时代媒介信息形态最主要的表征。不同于一般的消息类内容，评论往往对于逻辑的严谨性与结构的完整性有着严格的要求。但随着传播信息与内容碎片化的趋势，文艺评论也呈现出碎片化与片段化的特征，这样经过肢解与截取的文艺评论大多只能流于表面，不具有供人细致品读的思想深度。

传统的文艺评论本就有一定的时效性要求，在如今追求快节奏的互联网时代，网络文艺评论对于时效性的追求更是几近变态的程度。由于媒介平台的开放性且缺乏传统媒体时代的内容把关，网络文艺评论在过度追求时效性的同时往往忽略评论的内容质量与思想深度，使其只能流于情绪表达，无法起到启发与引导受众的作用。

（二）作者泛众化，评论质量良莠不齐

过去，文艺评论的主体往往是长期从事文艺批评与研究的专业人士、把握话语权的权威机构的从业者或是其余掌握相关知识的专家学者，具有一定的专业化与精英化倾向。而在今天，由于技术的赋权，任何一个普通的网民都可以通过网络平台发表自己对某一文艺作品、现象或思潮的看法与观点，进行即时的评论。网络文艺评论呈现出草根化与泛众化的趋势，一方面有利于文化民主化的进程，另一方面也给评论的质量带来了不小的挑战。泛众化的网络评论虽不乏有理有据、表意清晰的精品，但更多的还是情绪化、娱乐化与非理性的内容输出，诉诸语言暴力的评论更是不在少数。过多的非理性与极化的评论内容，不仅无法保证文艺评论的内容质量与思想深度，在特定情况下，还有引发网络舆情事件的风险。

（三）类型专门化，评论圈层化倾向显著

在传统媒体环境下，文艺评论的类型主要有各种艺术门类的评论，如电影评论、电视剧评论、音乐评论等。但在今天，更多细小的文艺领域或文化现象都可以形成一个自己独有的评论空间。同时，随着网络空间中"去中心化"与个体化的加速，却往往会再度出现中心化与社群化的现象，文化生活的圈层化趋势亦愈发明显。

99

"筑圈"后的文化空间带给文艺评论的挑战是可预知的：一方面，不同的文化圈层往往有着不尽相同的思想内核与话语范式，这也给评论者提出了更高的认知要求；另一方面，不同的圈层对于评论的内容深浅有着不同要求，不仅使评论难以兼顾趣味性与理论性，评论的"圈层化"特征也使得评论的影响面极为狭窄。

（四）体系多元化，评论标准混乱无序

不同于过往发布在学术期刊或者文艺杂志上的评论文章，如今的网络文艺评论更多是由网络用户发布在 B 站、微博、知乎、贴吧等社交评论和网站上。除了评论渠道与方式日趋多元，正如上文所提到的，任何网民都可以通过网络平台发表即时的评论，这也寓示着评论主体的多元化。

过往的媒介环境下，对于某一文艺作品、现象或是思潮的评论话语体系往往是单一的，因其往往诉诸主流与权威。而评论主体的多元化势必使得评论的评价体系与话语范式呈现出多样化的特征。打破单一的话语体系固然可喜，但文艺评论若过多诉诸个体喜好与个人情感，缺乏基本的文艺评价标准，势必会削减评论的可借鉴性与公共性。

除了以上提到的几个方面，互联网时代的文艺评论还面临着许多其他挑战。比如网络媒体与资本深度互嵌，文艺评论创作不免受到资本力量的干扰，产生了一系列"异化"现象：水军"灌水"、粉圈控评……当今的网络文艺评论呈现出过度商业化、高度娱乐化与去意识形态化等特征，毫无疑问的是，凡此种种，都进一步使得网络文艺评论的环境变得愈加纷繁复杂。

二、旧有文艺评论格局被打破

技术的深入演进，改变的不只有传播载体与传播途径，还有旧有的传播格局。随着互联网的发展与普及，旧有的"传—受"格局被打破，信息传播的"去中心化"与扁平化趋势愈发明显。正如在如今的媒体平台上"人人都有麦克风"一样，在网络文艺评论领域，人人也都可以是"评论家"。

一直以来，文艺评论的格局相对稳定：学院派评论和媒体文艺评论互为增补，学院派注重理论研究，媒体文艺评论则紧跟时代热点寓教于乐，两者亦庄亦谐共同促进文艺评论的繁荣发展。但是进入自媒体时代后，文艺评论的格局被打破，文艺评论的对象、传播方式和评论方法发生了巨大的改变。①
由于媒介环境的区隔与媒介格局的失衡，文艺评论的数字化转型也面临着阵
痛与挑战。

（一）二元格局互斥，网络空间中专业评论缺位

同大多评论形式一样，传统文艺评论是纸媒时代的产物。新文化与五四
运动进程中，那些发布在报纸与杂志上的文艺评论初步标志着我国现代文艺评
论的出现。伴随着纸媒的兴起与发展，专业的文艺评论往往带有明显的纸媒思
维与特征；而如今发表在微博、B站与贴吧等网络平台的文艺评论则主要是网
民的高度自主化评论。二者相互区隔，形成了泾渭分明的"两个阵营"。

但正如前文所提到的，网民文艺评论的质量良莠不齐，呈现情绪化、碎
片化与娱乐化等特征，可借鉴性与公共性不足。在文艺生活日益丰富、文化
产品井喷的当下，网络空间中的专业文艺评论一直处于相对空白的状态，简
而言之，即专业文艺评论缺席了。而这样的缺位主要体现在两个方面，一是
缺乏"网络化"的专业文艺评论；二是专业文艺评论的对象仍主要聚焦于传统
文艺形式，专业文艺评论缺少对网络文艺这一文艺形态的评论。

1. 评论阵地分野，网络空间中专业文艺评论日趋边缘化

当前，网络空间中专业文艺评论的话语声量有限，呈现出边缘化的特征
与趋势。虽不同于传统的文艺评论几乎完全集中于学术期刊与文艺杂志，当
前，除传统的线下阵地外，专业文艺评论的线上阵地已经初步完善，但网络
空间中的专业文艺评论仍然主要是期刊式文艺评论的搬运与移植，缺乏"网
络化"的文艺评论，传播效果亦十分有限。

2. 评论对象受限，网络文艺领域评论空缺明显

网络文艺是根植于网络空间的文艺形态，是当今重要的文化形态之一，
在人民大众的文化生活中占据了举足轻重的地位。但专业文艺评论的对象仍
主要聚焦于传统文化形式，缺少对网络文艺领域的观照。一方面，这体现了
文艺评论之于文化生活的滞后性；另一方面，专业文艺评论领域对网络文艺
的认知存在局限，比如仍将其视为一种"亚文化"形态，缺少对网络文艺这一

101

---

① 王雅楠：《自媒体时代的文艺评论》，《重庆三峡学院学报》2017年第5期，第
44~49页。

形态的评论也是专业文艺评论者及该群体主观意志的体现。

（二）"媒体性"缺失，专业评论与媒介环境存在明显隔膜

在传统的媒介环境下，专业文艺评论注重审美性与理论性，但现今的媒介环境已经发生了深刻的变革，媒介的不可控特征要求包括文艺评论在内的媒介内容形态更加注重把握"媒体性"，以使内容形态与媒介形态相适应。但如今，专业文艺评论与当下的媒介环境与媒介生态存在着明显隔膜，这在一定程度上限制了专业文艺评论的传播效果与影响效果。

1. 评价体系与标准因循守旧

网络文艺与传统文艺作品不论是在内容上还是在形态上都存在一定的差异，同时，网络空间中还存在这样一类模糊于网络文艺与传统文艺边界的文艺作品。但专业文艺评论仍固守于传统文艺的方位，对文艺作品进行评论仍主要沿袭传统的文艺理论与文艺观念，难以把握网络文艺作品的美学意义与内在规律。目前，网络文艺评论的评价体系与标准仍亟待完善。

2. 评论方法与话语范式亟待革新

目前，专业评论活动的开展仍主要以评论文章的形式呈现，文艺评论的方法和角度相对固定，这类评论作品虽然内容质量可观，符合业内与固定受众的认知期待，但网络媒体环境下的话语特点、逻辑与机制与传统的话语范式存在着明显的区隔，因此，专业的文艺评论往往会陷入"自说自话"的尴尬境地，难以触及评论的受众，产生良好的传播效果与影响效果，更遑论启发与影响受众。

第四节　网络文艺评论发展新趋势与新要求

一、网络文艺评论发展新趋势

（一）网络文艺评论形态走向多元化新趋势

随着网络技术的不断迭代，文艺评论的形式和传播途径日益丰富，从形式而言，互联网同文艺的结合孕育了具有跨媒介特性的互联网文艺。观照当下，具有吸引力的网络文艺作品数不胜数，并通过网络阅读、有声阅读、电影、舞台剧、网络游戏、动画等各种新媒体传播方式，吸纳了大批观众，由此衍生出多媒体的网络文艺评论形式；从传播途径而言，同一选题的文艺评论能够以多种表现形式存在于视频网站、纸质媒体等传播途径之中，使全媒体覆盖成为文艺评论目前的突出优势。不同的艺术类型和观众需要，也造就了文艺评论方式和评价尺度上的多样性。例如，微博上的文章往往以小段子的方式进行艺术宣传；微信公众号则以图文为媒介，传递内涵丰富且更有意义的资讯；弹幕、留言和打分等评论方式常见于网络视频，而关于互联网音乐的评论则更多以论坛和贴吧为主阵地。

以此为基础，文艺评论也逐步向专业化、分众化迈进。其一，在日新月异的网络空间中，文艺形式的多样化导致艺术领域与读者的分众化，继而使评论在形式与内容上都有相应革新，以符合目标观众需要。其二，在具体细分领域里，锚定某一特定话题的文艺评论在争夺该领域读者关注的同时，也不断提高自身专业水平与表达技巧，最终塑造出创新与专业相结合的文艺评论新形态。

(二) 网络文艺评论方法呈现数据化新趋势

近年来，网络文艺评论作品多聚焦于网络文艺的媒介"数据"属性，以数据为依据评析网络文艺文本，并逐渐突破纸媒评论的思维惯性和阐释手段。

对于网络文艺而言，用户即数据创造者。用户行为、作品都能被量化为数据，与作品关联的点赞、讨论、分享、二次创作都将成为网络文艺数据特征的一部分。无论输出内容的主体是专业人士、用户本身还是职业团体，用户都是数据生产中必不可少的一环。

评论数据化是数字人文在网络文艺评论中的体现。2021 年，中宣部等五大部门联合发布的《关于加强新时代文艺评论工作的指导意见》强调："加强文艺评论阵地管理，健全完善基于大数据的评价方式，加强网络算法研究和引导，开展网络算法推荐综合治理。"除此之外，该指导意见进一步提出，文艺评论管理需要与时俱进，学会用大数据等算法思维替代传统管理思维。

网络文艺评论员将以数据化的思维评估多种媒介文艺现象，对文艺进行数据性理解。专业评论者不仅会关注宏观的文艺数据测量，从中洞悉某类网络文艺的思潮、风尚、谱系、趋势，还将探究微观的文艺活动中作家、作品、读者等的数据生成。因而，传统文艺评论从片面强调文艺的文学性、审美性的优劣，扩展到分析文艺的数据化特征，进而采用基于数据的批评方法对传统的文艺评论进行创新。

例如，网络文艺的数据化评论现已应用于网络文艺的市场反馈及受众画像上，评论员可通过智能软件或数据模型大规模地获取相关指标，以数据为基础对网络文艺进行深入剖析。同时，也可以数据为切入点挖掘评论角度，譬如《作为"计算批评"的"远读"——以网络小说"升级文"中的节奏与情绪为例》，以主角每升一级的平均章数或字数为观察对象，评估"升级"对改换叙事视角和推动叙事发展的作用，从而洞察其升级节奏与调动读者情感之间的联系，做到了以数据眼光把握网络文艺作品的新特征。

(三) 网络文艺评论风格上存在通俗性和理论性合流的新趋势

如果从媒介角度分析，网络文艺评论实际上是由两大阵营组成的：纸媒型文艺评论和网媒型文艺评论。前者阵营包括传统期刊、报纸、书籍的网络传播，也包括某些传统制式的网站、论坛。其统一特质是由网络发布，但内容、文风仍透出明显的纸媒风格，与传统出版物并无区别。而后者则个性各异，由身份、地域、专业不同的网友发表，小至一个表情符号，大到几千字的长文，都属于这个范围。二者各有其优缺点，总的来说，当代网络文艺评论呈现两极分化的态势：一方面是部分学院派评论故作高深、脱离实际，说教意味浓，另一方面是某些草根网评浅尝辄止、脱离理论、盲目跟风，造成了评论引领作用、理论内涵的缺位。客观地说，网媒评论中也不乏真知灼见，然而数量巨大的劣质评论往往将其泯没，寻找它们无异于大海捞针。

从长期发展来看，由于市场自身的均衡博弈，纸媒与网络媒体评论的合流是必然趋势。兼顾纸媒评论的思想深度、理论素养与网媒型评论的直抒胸臆、活泼性灵，方能产生富有传播力的优秀作品。事实上，两大阵营分属的两种媒介，也正在寻求取长补短，相互融合。在网络文艺评论二十几年的发展史中，以《VISTA 看天下》为代表的某些电子网刊设立评论板块，知名评论家开设微信公众号发布评论作品等新气象，恰恰印证了文艺评论在媒体融合方面的创新探索。

综上所述，网络文艺评论的理论性和通俗性在相互交锋、辩证发展之后，理论性突出的文艺评论将逐渐贴近网络表达方式，而具备一定理论高度的评论也更容易在芜杂的网络评论中脱颖而出，使二者最终实现优势互补。

二、网络文艺评论发展新要求

（一）走出舒适区，亲近网络文艺新语境

区别于经典文艺作品，网络文艺带来的是独树一帜的审美体验和艺术模式。跳出面对传统文艺的思维定势，只有坚决走出传统舒适区，熟谙网络文艺这一新的评论对象，文艺评论才能拥有时代气质和思想锐度。

评论者需要正视网络文艺作品，耐心深挖文本。由于许多学者养成了"走过场"的写作态度，缺乏精耕细作的耐心，表扬常常成为一种心照不宣、快捷省时的评论方向。此类作品极易走向浮光掠影，流于套路，难以产生真正的洞见与社会共鸣点，因而也就很难诞生真正好的评论文章。反之，深耕网络文艺内容的评论，往往独具生命力。在此以《文艺理论与批评》杂志编辑王玉玊的两篇作品为例，第一篇以网文《天官赐福》为评论主题，她采取了"我评我叙述"的写作方式，相比于传统文学批评有较大转变，在微博上获得了1.7万的点赞、1000多条评论；另一篇则围绕"二次元存在主义"，对存在主义理论进行了讨论，和二次元爱好者们产生了情感互动。这篇长达1.6万字的评论，在知乎上引起了广泛反响。

评论者要对网络文艺的圈层化趋势有深刻的了解。在亚文化概念兴起的当下，想要理解网络文艺受众的审美行为，评论员就应以包容之心"融圈"，敢于打破传统思维的限制，着力破译各个圈层的"部落方言"与交流方式。若能将对文本的感知与对现实社会生活的认识结合起来，将更有助于评论者了解各大圈层与文艺形态之间的对应关系。

譬如，如果要以"饭圈文化"为评论切入点，新浪微博、豆瓣社区是主要的粉丝社群聚集地；说到"土味"、恶搞文化，就不能忽视快手、抖音和视频号；若要聚焦同人文化的发展，国内的 LOFTER 和国外的 AO3 是最适合的观察场域；要研究耽美文化，则需要在晋江、长佩、废文网寻找灵感，诸如此类。真正深入网络文艺的文化场域，进行"在场"式的调查思考，是有的放矢，创作富有时代感和针对性的文艺评论的前提。

105

（二）重视传播效果，打造评论与作品的良性互动

在评论写作方面，评论员要善于改进表达方式，拓展评论视角。要读评论区、看弹幕，学习自媒体的网络文艺评论风格，不仅有产出长篇作品的底蕴，微评短评也能妙笔生花。适时调整自己的思维模式、语言表达，找到恰当文体，有助于网络文艺评论员以更接地气的方式引导主流价值观，在雅俗之间寻求平衡，从而创作出大众和特定圈内群体均喜闻乐见的评论文字。正如陈平原教授所言：要"既经营专业著作（'著述之文'），也面对大众读者（'报章之文'），能上能下，左右开弓"，这也对网络文艺评论员提出了新要求。

行业专家撰写评论的传统方式与撰写论文类似，术语对大多数公众来说相对枯燥。在这种情况下，有必要改变表达方式，以知识普及、热点跟踪为切入点，根据公众好奇心和信息需求创作内容。例如，我们常在今日头条上看到以"文化观察"为标题的内容，它们善于跟踪公众感兴趣的新"梗"来进行文化现象分析。例如"凡尔赛发言"有何特征、"挖呀挖"为何爆火，由此探究其背后的社会文化因素。这样的作品也属于文艺评论的一种，且更易被公众接受和再传播。

传统纸媒的文艺评论方式也在寻求突破，锐意求新，与大众关心的热点同频共振。例如在人设、鬼畜、二次元、粉丝文化等话题上多有官媒发声，打通不同群体间沟通的渠道。其中，言论文章注重现象、观点、论述的新意，与当下社会现象密切结合，指导文学艺术创作。具体而言，《人民日报》对"抗日神剧"、无底线追星、网络文学盗版行为等话题都进行了深入研究，并获得了较好的社会反响。

（三）培养数据思维，丰富文艺评论的学科广度

互联网这一新型文艺载体的出现，要求评论员注重文献方法与数据分析方法的有机结合。文艺批评本隶属于人文科学研究，其主要分析进路来源于文本的搜集与分析，基于此探明研究对象的性质，并论述个人观点。然而，站在历史的角度回望网络文艺的发展进程，早期"求量不求质"的量化逻辑一度大行其道，导致文本的同质化倾向较为突出，出现了一些共性的问题与局限。因此，在研究方法上因地制宜显得尤其重要。新时代评论员将尝试让评论同定量、计算等数字技术相融合，从而悦纳情绪分析、大数据算法批评、可视化呈现等数字人文方法。

以数据为导向的文艺评论将注重跨学科融合，即人文与技术的交互发展。未来，文艺评论员与研究员或许能够借助"一叶故事荟"等 AI 文本分析系统，采用自然语言学习、数据科学、统计学等方法对网络文艺进行数据化建构，打造以多学科为特色的新型文艺评论范式。

(四)倡导批评精神，以引领时代风尚为己任

文艺评论不仅是鲜花祝词，更是一把"利器"。一方面，"利器"之利，在于目光如炬、针砭时弊，从而通过甄别分析直指核心，洞悉问题与审美风向；另一方面，更在于直言善言，能够坚持"褒优贬劣、激浊扬清"的批评精神，保持评论战斗力。相比之下，网络空间的评论更突出感染力和影响力，网络表达追求语言形式上的用心、精到，但理性思辨和批判才是发表见解、抒发情感的最佳路径。在此前提下，网络文艺评论应当坚定地与恶意奚落、嘲讽、侮辱、谩骂等人身攻击行为，乃至网络暴力划清界限。

评论者需要洞悉功能上传递有害价值观、盲目鼓吹低俗生活趣味的恶作，对各种不良文艺作品、现象、思潮敢于表明态度，防止破坏公序良俗的网络文艺大行其道，对大众的认知审美造成不当影响。在第三届网络文艺评论优选汇作品中，一些作品对疯魔化饭圈行为的批判，对"唯流量论"、过度恶搞现象的冷思考都具有极大的社会价值，备受各界好评。新媒体时代，打磨好文艺评论这把"利器"，需要营造健康、有序的网络文艺评论生态，打造有思想有见地的网络文艺评论，为专业批评和研究提供有力支撑，开创新时代文艺评论的新图景。

第五节　网络文艺评论写作创新

进入 21 世纪以来，随着网络新媒体的不断发展，中国文艺场域迎来了"线上线下"、传统媒介与新兴媒介的碰撞与融合。网络媒体成为文艺创作的新试验点和新切入点，也进一步改变了文艺评论的创作格局与发展方式。时代的总体性变迁给文艺评论带来了大量的机遇，同时也带来了严峻的挑战，文艺评论需要接受大众和市场对其艺术性、真理性和评判标准的检验和拷问。如何立意于"变"而讲不变、讲融通、讲创新、讲引领，是网络时代文艺评论的主要任务。① 如何生成一篇好的网络文艺评论，如何实现网络文艺评论写作的创新，从写作方法来看，需要从选题、立论、表达三个层面切入。

一、选题

文艺评论的选题，需要在搜集作品和素材的基础上，确定评论的主题和中心。选择新颖、有深度、有意义的选题，是网络文艺评论创新的关键之一。

（一）挖掘新兴文艺作品

网络文艺评论除了关注传统的文艺作品，还应该将视角置于当下与时代脉络相契合的网络文艺作品上，挖掘它们的价值与资源，并实现创新。现如今，以网络文学、网络影视、网络音乐、网络游戏、网络短视频、网络演艺（直播、综艺）等为主类型的互联网文艺不断壮大、迅速崛起，新型文艺的涌现一方面表现出网络文艺的大众性和包容性，另一方面，网络文艺的野蛮生长所暴露的问题越发突出，亟须相关评论加以批评、引导和参与建设。基于文艺创作和生产的底层逻辑，网络文艺应当遵守社会、艺术的规则，同时还要服从价值评判，并且，网络文艺不仅仅是"饭圈"的竞技场、资本模式的收割机，更应该是在新时代文艺生产力和创造力不断解放下所诞生的精神文化新家园。网络文艺评论应当关注网络文艺这一关键评议对象，选择有价值的选题，通过网络新媒体平台促进专业评论和大众评论的有效互动，对舆论进行有力引导，让网络文艺给大众提供更优质的精神食粮。

随着新的技术媒介和艺术市场的不断发展，评论者需要对不断更新的文艺现象与日渐丰富的文艺作品类型以及伴随而生的问题，针对性地做出及时的反应，写出有洞见的评论。尤其是针对一些热点文艺现象，新人新作，前沿性、倾向性问题，能给出有立场、有见地、有深度的意见和观点，让好作品得到及时关注，新问题得到及时解答，不良的倾向或不健康的作品得到及时纠正。比如，第三届网络文艺评论优选汇优秀文章《参与的智慧：网络粉丝创作中的历史书写》《"元宇宙"何以成为文艺"新生"的契机?》等，都是针

---

① 夏烈：《新时代的网络文艺评论可以怎么做》，《中国艺术报》2021 年 9 月 6 日。

对网络文艺的新作品、新趋势和新问题做出的敏锐回应。此类选题无论是在观念建构还是舆论氛围营造上，都有助于网络文艺的健康发展。①

（二）探究文艺作品的背景故事

网络时代文艺评论的选题，不应当仅仅局限于对作品本身的评析和判断，探究作品背后的故事，可以帮助增加可读性，增添趣味性，从而吸引读者阅读。作品的创作背景、作者的生平经历、文化背景等，都是强化对作品理解和评价的重要依据，通过对这些背景故事的讲解，可以为读者带来更为深入的解读体验。正如网络文艺评论——《〈漫长的季节〉：当共鸣结成了琥珀》一文围绕该网剧主创团队的故事展开评论，通过采访辛爽导演等人，了解其创作经历与心路历程，并结合剧中的人物和情节，让现实世界与虚构世界的人产生对话，饱含画面感与鲜活感。不同于普通的文艺评论选题，这样充满故事感的文艺评论选题，让评论不再局限于说理，更像是和读者的一次交心的互动交流，让读者走进文艺创作背后的人以及人身上所发生的故事。

（三）着眼文艺作品的现实意义

网络文艺评论选题从作品的现实意义出发，如作品的社会、政治等隐喻性意义，或作品所反映的时代变迁和文化内涵等，有助于提高评论的时代感和深度。例如，第三届网络文艺评论优选汇微评《行业剧展现不同岗位奋斗者的光芒》强调了国产行业剧对真切的行业故事和鲜活的职场群像的呈现，有助于激励每一个在岗位上的新时代奋斗者不断奋进。文章揭示了文艺作品的现实意义，体现了对人民现实生活需要的关怀。除此之外，还有一些评论的选题关注文艺作品对社会的责任。在短视频与艺术的融合过程中，传统艺术样态的创作和传播也随之发生变化，呈现出许多新特点，如本土性、互动性、丰富性、贴近性和创新性等。以优秀的网络评论为借鉴，网络文艺评论的选题可以从现实需要出发，兼顾国家事业、社会发展、人民生活的需要，紧紧把握时代脉搏与文艺作品的联系，以实事求是、与时俱进的目标指引实现选题突破与创新。

109

---

① 欧阳友权：《提升网络文艺评论有效性的三条路径》，《中国艺术报》2023 年 2 月 6 日。

二、立论

网络文艺评论要增强说服力，需要结合议论文的写作方法，以保证文章的逻辑清晰、结构完整。正确而深刻的立论，是评论写作创新的重要基础。

评论文章的立论，一般包括论点、论据、论证过程三要素。对于网络文艺评论，做好这三部分可以从这几点入手。第一，要有正确而鲜明的论点。评论的论点是展现作者观点的主要窗口，反映了文章的核心主题。网络文艺评论文章的论点应当体现作者对文艺作品的独到见解与真知灼见。每个人的经验和认知都有所不同，可以从个人特定的经验出发，或者对文艺作品的理解角度出发，细心品鉴文艺作品，深度挖掘文艺作品和文化内涵，从而使立论更加深入深刻。第二，要有准确而充分的论据。文艺评论的论据要从作品的内容里去采集和寻找。充分引用文化素材和事实案例来做论据，不仅更具有可信度，还可以拓展文艺评论的深度和广度，并且论据不能断章取义，要准确可靠、完整全面。第三，要有严密而完整的论证逻辑。文艺评论可以借鉴议论文中的论证方法，比如归纳法、演绎法等，使文章逻辑更加清晰。论述文艺作品的优劣和价值，必须在逻辑性上有清晰的层次感，突出文章之间的连贯性和有机性，有效提升可信度。同时，尝试打破固有的模板化的既成评价框架和传统思维，用对比分析、事件观察等方式，开创独特的评价体系。

除了具体的论证方法，网络时代的文艺评论要提高有效性和说服力，还应当有正确的价值立场。中宣部等五部门联合印发的《关于加强新时代文艺评论工作的指导意见》指出，文艺评论应该发挥价值引导、精神引领、审美启迪作用，推动社会主义文艺健康繁荣发展。网络文艺评论与传统的文艺评论相比，面临着更为纷繁复杂的文艺现象和问题，所以评论的底线和基本规则更要稳固地坚守，并在此基础上朝着引导正确积极的价值观这个目标发展。不仅要秉持公平公正、不偏不倚的态度，客观地评价文艺作品与文艺现象，还要积极弘扬真善美、鞭挞假恶丑，以健康的价值导向引导网络文艺发展。例如，针对当前影视产业的流量争夺战，包括"引流""蹭流量""流量劫掠"等，第三届网络文艺作品优选汇优秀短评《"唯流量论"必须退场》指出，炮制收视率、评分、评奖、排行榜等造假流量行为破坏了诚信体系，并且，互联网商业模式三要素中最重要的应该是产品。将大流量转化为正能量，实行合理合法的算法规制，建立具有公信力和生命力的非市场化评价体系，能够为文艺创作和内容生产营造风清气正的文化氛围、维护健康的文艺生态。这篇文艺评论建立在正确的价值立场之上，批判当下流量竞争的弊端，倡导健康的文艺创作生态，真正起到了专业性评论的示范引领作用。

三、表达

评论文章的话语表达方式影响着作品的传播力、影响力和读者接受度。网络文艺评论的话语表达方式应随着变化的网络审美习惯和传播形式而不断创新。要让传播手段和话语方式跟上时代的步伐，制造网络"在场感"，这需要评论作品既蕴含理论和思想的深度，又饱含关怀和共情的温度。网络文艺评论作者要真正走进互联网的场域之中，切实考虑网络阅读习惯，激发网民共鸣，增加评论的"网趣"。

网络文艺评论要增加"网趣"，应学会运用恰当有效的表达方式。网络文艺评论在语态修辞、影响路径、传播渠道等方面，应该充分考虑"网络"的特性，并与趣味阅读、点赞、转发、短评等传播模式相适应，从而吸引更多的网络读者，让评论发挥出最大功效。中国文联文艺评论中心主任徐粤春曾指出："好的网络文艺评论的样子应有短、平、快，实、新、美的特点。"中国文艺评论家协会理事欧阳友权也提出，网络文艺评论的表达有三种常见的技术策略：一是"短"，即评论的篇幅结构尽量简短，行文时开门见山、直截了当，不铺陈、不敷衍，讲究简明扼要、注重导向、追求质量、宁缺毋滥。短小精悍的评论不仅有利于自媒体传播，也适用于现代社会快节奏的文化消费。第三届网络文艺作品优选汇将500字以内的微评纳入优选范围，单独设置"短评"和"微评"类型，还包括5分钟以内的视频评论、弹幕评论、留言评论等，充分体现了对精短评论的积极倡导。二是"新"，即评论的话语表达要有新意，结合新的观念、新的思路、新的方法，利用新的技术手段，选用新的表达方式，让评论不落窠臼、令人耳目一新。三是"美"，即评论的文风文采要具有美感，好的评论文章应该是一篇美文，阅读好的评论也是一种审美体验，忌讳把评论文章写成八股老调、高头讲章，应该尽可能地通过鲜活生动、清

111

新质朴的语言来传达丰富深邃的思想，依靠自身的感染力和说服力帮助读者获得思想启迪和审美熏陶。① 网络文艺评论应创造性地采用感性的表达，适当地运用情感和体验有助于读者的共鸣和理解，可以提高文章的吸引力和传播效果。

以网络小说为例，与传统小说不同的是，网络小说的叙事节奏、创作理念、价值内涵等都有自身的独特性，不宜用文艺评论的传统表达方式去评说。随着多元化的网络文艺形式和传播渠道的不断拓展，逐渐形成了不同的文艺评论"圈子"，各圈子的评论方式也各不相同，如以论坛、贴吧及相关音乐软件为主平台呈现的网络音乐评论，以留言区、讨论区、弹幕等为主的网络视频评论。② 深入了解这些"圈子"文化，洞悉其独特的评论观点、思维方式，是网络文艺评论写作创新的重要组成部分。以网民的情感视角深度参与各类网络文艺生活，研究不同圈子的不同思维和表达方式，有助于写出更贴合"网生代"阅读习惯的优质文艺评论。

在充满无限力量和蓬勃生机的网络空间中，在运用互联网思维、推进文艺繁荣的实践征途上，网络文艺评论当于"不变"中寻"变"，在以社会效益为首位，坚守正确的价值方向的"不变"基础之上，不断应"变"，适应时代浪潮、寻求新锐观点，从作品的选题、立论、表达等方面寻求变通与革新、融合与创造，不断提高网络文艺评论的有效性，给读者呈现更多有态度、有深度、有温度的文艺作品。③

---

① 欧阳友权：《提升网络文艺评论有效性的三条路径》，《中国艺术报》2023 年 2 月 6 日。

② 俞国娟：《文艺评论要读懂网络时代》，《发展导报》2017 年 7 月 11 日。

③ 毋燕：《网络文艺评论要有网络化趣味和质地》，《光明日报》2021 年 9 月 22 日。

第五讲　网络理论评论理论与方法

"这是一个需要理论而且一定能够产生理论的时代，这是一个需要思想而且一定能够产生思想的时代"①，2016 年，在哲学社会科学工作座谈会上，习近平总书记强调要"推动理论创新"，为理论评论指明了方向。身处互联网时代，理论评论当在时代化、大众化、通俗化上精准发力，既要思想广度、理论深度，又注重深入浅出、群众视角，才能把党的理论思想向广大干部群众讲清楚、说明白。这要求网络理论不断创新内容、语言和表现形式，让"深度""热度"一起燃，把握时代脉搏，厚植理论之花，让党的理论"飞入寻常百姓家"，立体推动正能量成为大流量。

第一节　网络理论评论的概念及特色

一、网络理论评论的概念

(一)网络理论评论的概念

什么是网络理论评论？对此众说纷纭，莫衷一是。笔者认为，网络理论评论是针对舆论宣传中的突出问题和重大理论问题，在网上形成正面、快速、响亮的声音，对各种模糊认识以及错误思潮和观点，进行有理有据地辨析，引导网友理性客观地看待经济社会发展中存在的不足和问题。

(二)网络理论评论的产生与发展

网络空间里思想多元、众说纷纭，各种观点相互激荡，热点焦点事件此

---

① 习近平：《在哲学社会科学工作座谈会上的讲话》，北京：人民出版社 2016 年版，第 8 页。

起彼伏，如何引导网友站稳政治立场、理智认清形势、正确识别错误观点，网络理论评论能够发挥澄清谬误、阐明原因、凝聚人心的重要作用。针对舆论中的热点问题，网络理论评论从理论的角度详细分析错误观点产生的原因、危害、影响等，让网友在"乱花渐欲迷人眼"的虚拟空间认清方向、找准定位、看清本质，不随错误观点随波逐流，始终保持清醒的头脑，营造一个健康清朗的网络空间。

(三)网络理论评论与其他类型评论的异同

网络理论评论与其他类型评论的不同点在于其选题的确定、论证方法、语言的运用乃至篇幅长短方面有自己独特的要求，从而显示出与其他类型评论的差异性。新闻评论所关心的是"直接的当前现实"，它以迅速及时地评述最新事件、阐明事理、指导舆论见长，以提出和解决当前最迫切需要解决的问题取胜。网络理论评论虽然也服务于现实需要，但更注重分析的透辟和论证的严密，着眼于道理的说服力和生命力，它是就某一学科、某一领域、某一思想，深入分析和阐明一种概念、一种理论、一种科学，更富有理论色彩，其社会作用往往也更深远些。

二、网络理论评论的特色

(一)议题设置与社会热点无缝衔接

网络理论评论的选题范围主要集中在国际、时政、民生和节日等方面，选题实现方式上采取约稿与投稿相结合、点题与自选相结合、系列与独立相结合、热点与难点相结合、快速评论与深入剖析相结合，争取做到大事不失语、不缺位、不滞后，在网络空间及时发出响亮的声音。特殊时期，评论网站将组织国内优秀理论工作者、评论员就时政热点撰写系列评论，解读党的科学理论和重大方针政策，进一步巩固马克思主义在意识形态领域的指导地位，巩固全党全国人民团结奋斗的共同思想基础。

(二)辩证说理与有效传播深度融合

一是理论与实际相结合说理。网络理论评论关注的一般都是国家的大政方针、党的创新理论、社会的热点难点等问题，这些问题需要从理论的高度去阐释，但是不能脱离具体的实践。现实的需要产生了理论需求，网络理论评论坚持从实践出发评事说理，让网友能够事中悟理、理中见事。二是现实与历史相结合说理。评论说的是现在的事，但是离不开历史，历史是过去的现实，现实是未来的历史，两者相互交织、密不可分。理论评论从现实出发、不忘记历史，又面向未来，用一条无形的线贯穿着过去、现在和未来，脉络清晰、条理分明、说理透彻，引导网友辩证地看待历史和现实问题。三是宏观与微观相结合说理。理论评论关注的是国家大事，站位高、立意远、影响深是其突出的特点。理论评论的目的是引导舆论、凝聚人心、澄清谬误，要想完成这一宏观目标，必须关注微观的个体，把宏观叙事与个人利益相结合，从个人的生活实际出发明事说理。

（三）观点表达与形式创新相得益彰

理论评论不跟风、不炒作、不标新，以问题为导向，独立思考、逻辑严密、体系完整，能够引导网友冷静观察世界，开启智慧人生。好的理论评论贵在策划，写什么、怎么写、谁来写，这些都需要栏目运作者深入思考、提前规划、周密安排，选择适当的时机推出有深度、有见解、有思想的评论，评论不仅能够引导舆论、凝聚人心、扩大共识，而且能引导网友深入思考、独立判断、正确行事。

第二节　新的传播语境下理论评论的创新及实践指向

中国自 2010 年进入移动互联网时代，因互联网拥有传播快捷、方便灵活、交互体验、音频同现、跨界融合、更迭创新等特性，传统的媒介思维和传播模式被大大改变。相应地，互联网语境对理论评论创作和传播也展开了前所未有的新变化新图景。

一、互联网语境下传播格局变化

115

2024 年 3 月 22 日，中国互联网络信息中心（CNNIC）发布的第 53 次《中国互联网络发展状况统计报告》显示，截至 2023 年 12 月，我国网民规模达10.92 亿人，互联网普及率达 77.5%。当前，新闻客户端、社交工具、媒介平台已成为人们获取信息服务的主渠道。人工智能、大数据等新技术赋能信息传播，算法作为主要驱动力，深度嵌入信息生产、分发、反馈的各个环节。特别是在一些公共事件的直接推动下，我国现代传媒和传播形态发生了重大变化，新的移动终端不断涌现，网络媒体成为舆论主阵地，媒体融合加强、新闻传播无界性凸显。与此同时，受众接受新闻方式更加多样化，受众阅读方式正在发生改变。新闻传播格局发生着重要变化，总体而言，体现为以下三点：

第一，信息资讯发布主体不再只有专业人士，而是走向大众。大众写，大众看，大众参与讨论。我们必须习惯多元意见展示、多渠道发声、多重效应呈现这样一个复杂的舆论环境。新闻不光是信息传播，也成为国家治理、安全管控、公共生活、社会服务的有机组成部分。

第二，刊发的阵地不再是少数人专有，打破了发表门槛。由此，人与人的连接方式发生了根本性的变革，以微信群、朋友圈、APP、评论区为代表的数字化社交与传统的会客厅、兴趣角等物理社交形成了此消彼长的关系，随之而来的是认知需求也发生了巨大改变。对于网络原住民来说，微信群、朋友圈里的一段短视频、一张海报，就能成为他们对新闻节目产生需求的新触发点。

第三，言论只能代表刊发方，强制性输出和说教行不通。网民作为受众，关注的题材十分广泛，他们对内容没有格式要求，长也行，短也可。心灵鸡汤、时事经纬、艺术哲学等，只要能说到心坎里，就会自动成为言论方的粉丝，而高高在上严肃说教的言论方，则往往没有市场。

互联网舆论场主体日益多元、意见观点快速传播，极大地重塑了公共舆论格局，对于主流媒体而言，网络理论评论凝聚共识、传播主流价值观的职责更加凸显，也因融合发展的新挑战面临更高要求。

二、网络理论评论的时代价值

对于新闻舆论工作，习近平总书记做出了"五个事关"重要论述：事关旗帜和道路，事关贯彻落实党的理论和路线方针政策，事关顺利推进党和国家各项事业，事关全党全国各族人民凝聚力和向心力，事关党和国家前途命运。① 这是对新时代新闻舆论工作定位、作用的深化和拓展，也说明了网络理论评论工作的重要性。引导网友全面、客观、理性地认识和理解社会存在的问题，以积极的心态想办法解决问题，营造一个健康的网络空间，是网络理论评论

116

① 李斌、霍小光：《习近平：坚持正确方向创新方法手段 提高新闻舆论传播力引导力》，《人民日报》2016年2月19日。

工作者的职责和使命。

三、网络理论评论创新的现实需要

"文者，贯道之器也。"互联网时代，如何提升传播的有效性，成为党的创新理论传播的重要课题。党的二十大报告把习近平新时代中国特色社会主义思想的世界观和方法论精辟概括为"六个坚持"，即必须坚持人民至上、坚持自信自立、坚持守正创新、坚持问题导向、坚持系统观念、坚持胸怀天下。这既是党的理论创新的重要遵循，也是推动党的理论有效传播的科学方法。

科学理论是抽象的、理性的，但解读方式可以是形象的、通俗的。一个残酷的现实是，理论评论如果在重大议题、热点话题等方面不能及时有效发声，展现"定音锤"作用，那么主流声音就会被弱化、边缘化。因此，搞好网络理论评论，必须找准选题与群众诉求共识及情感共鸣点，努力当好党的理论话语翻译，将党的创新理论翻译给不同领域不同层面的干部群众，帮助其深切认知、深入理解、深刻领会，让理论宣传往深里走、往实里走、往心里走。

从网络理论评论的内容"供给侧"发力，强化多元供给、一体化生产，是当前的现实需要及大势所趋。具体而言，一是要强化两个平台的建设，在网络舆论阵地做强做大网络理论评论，牢牢守住两个舆论场；二是坚持内容为王，强化思想和价值引领，在众声喧哗中保持权威引导；三是适应轻阅读需要，以更鲜活的话题及更多样的表现形式赢得读者、赢得多元舆论场的话语主动权。

四、主流媒体网络理论评论创新的实践选择

作为主流媒体，在互联网传播语境下，需要重新思考：如何做好网络评论？尤其是做好网络理论评论？如何让严肃的理论也能吸引人？首先应改变以往那种以自我为中心的思维。对于那些说教味比较重的理论评论，应在传播手段、传播形态上努力创新，要放下学者"架子"、媒体"架子"，介入互联网的用户思维。

具体而言，在实践上，要通过媒介共融，增强主流媒体评论的传播力。一是变抽象为具体。如用故事、例子来解释观点，避免一篇文章读下来全是讲道理，这样能够帮助普通读者尤其是文章所涉领域以外的读者理解媒体所

117

表达的内容。二是做好话语转化。即把文件语言、专业术语转化为平白务实的"白话"，杜绝说教、命令，不让"必须""应该"成为高频词。努力把语言"软化"，尤其是在理论通俗化方面下大工夫，想办法让文章更有可读性，让受众感受到理论的意义和魅力。三是增强对象意识。做宣传，要看对象。移动互联网的传播规律可以用八个字概括：用户至上、情绪传播。要尊重用户的感受，注重引起用户的共鸣，切忌自说自话、孤芳自赏。网络理论评论要重视想网民之所想，设身处地理解网民的想法和感受，做到平等、真诚地交流。

第三节　当前网络理论评论存在的共性问题

理论评论是网络评论中不可或缺的重要组成部分，在舆论引导中发挥着激浊扬清、澄清谬误、凝聚民心的重要作用。理论评论的特点在于要有深刻的思想性，通过透彻的说理引导读者辩证看待历史和现实问题。那么写好理论评论对作者的理论功底必然有很高的要求。目前来看，对许多年轻评论员来说，吃透理论本身比较难，导致对理论知识掌握不够牢固透彻，运用理论撰写评论的角度和高度很难达到一定水准，且大多观点人云亦云，难以产生具有原创性的思想。此外，理论评论面临着一些共性问题，理论评论选题的灵活性、内容的亲民性、传播的融合性等都是当下需要突破的方面。

一、就理说理缺乏灵活性

目前，一些理论评论未能很好地契合读者需求，选题和文笔均缺乏灵活性。一些评论员所写的理论文章大多观点大而全且言之无物。通常他们的文章主要有以下类型："工作汇报型"，主要在稿件中陈述自己的工作内容，将稿件写成工作材料；"贪大求全型"，在稿件中力求面面俱到，实则内容空洞，浮在表面，缺乏灵活性和深度思考。该问题存在的原因，与部分评论员的绩效心理作祟有关，只想发表文章完成单位的考核，并没有真正把心思花在如何写好文章上，如此导致理论评论文章的内容质量参差不齐。

二、长篇大论缺乏鲜活性

理论评论，理论和观点是核心竞争力。当下普遍存在的一个问题是许多评论员擅长用长篇大论居高临下灌输观点，而不是用小切口去达到春风化雨的传播效果。评论要把自己想说的和读者想看的结合起来，学会用"网言网语"让观点鲜活化，要适应网络时代的传播规律，把深奥的理论道理用朴素的大众语言讲清讲透，用读者容易接受的形式，让理论真正落地生根。

三、重传统渠道轻网络平台

内容发表渠道方面，大多数评论员侧重传统渠道，认为在报纸上发表评论才具有权威性，忽视或者轻视网络平台。殊不知，当下以互联网为代表的新媒体传播方式改变了原有的传统单向传播格局，也深刻影响着当代话语传播格局。利用新媒体做优做强评论理论成为重大时代课题，如何通过大众喜闻乐见的新媒体让理论评论入脑入心，推动理论评论传播价值最大化，这对理论评论创作者提出了更高要求。

四、单向传播为主，缺少融合推广

当前，理论传播新阵地拓展还不足，传播方式单一，多数媒介平台只是建立一个专栏集纳评论文章，又或者只是简单地将理论内容用长图解读的形式呈现，无法做到与受众线上线下的同频共振。要想理论评论的传播更好地"飞入寻常百姓家"，还需探寻更丰富有趣的传播模式，整合媒体资源，打通媒介平台，充分利用漫评、音视频等多种融合形式让理论的声音传得更开更广。如新华网打造的"思客讲堂·党校公开课"，聚合党校专家资源，用视频的形式每期推出一个理论话题，结合视频画面，由党校青年教师通过理论短视频，带观众探寻中国式现代化，该系列节目同步在 B 站播出，很好地打造了理论传播新阵地，拓展了受众群体。

五、线上为主，线下活动偏少

数字赋能，助力理论评论走进千家万户。近年来，部分单位运用数字化手段，充分利用新媒体高效、快捷、传播速度快等优势，邀请省内外专家学者开展线上理论评论讲座，实现互动式听讲、沉浸式学习，听众用点赞、弹幕、评论等方式表达观点和体会，取得了一定效果。一些媒体联合高校举办的评论大赛也注重线上办赛，但线下活动较少。如目前全国范围内举办的评论大赛中涉及理论评论的有江西省组织开展的"赣青苹"理论评论大赛，湖北省组织开展的大学生评论大赛均在年轻群体中出圈，要实现评论大赛涵养青年群体理论学习的境界和格局，还需多重视线下活动。

六、大众互动参与度不高

欲运用理论指导实际工作，当前情况下，势必要走通俗化、大众化的道路，这就需要理论直面现实热点和社会关切，将理论的大主题与个体的微感受结合起来。通俗来讲，就是要用大众化语言、大众化媒介，使理论能够回应广大人民群众关心的热点、难点问题，将理论内化为群众的观念、意识和素养。当下许多理论评论文章晦涩难懂，难以引起群众共鸣，大众互动参与度普遍不高。其阐述的观点是否与实际发展有效结合，是否能够有效指导现实工作，是否能够激发受众兴趣提升吸引力，均有待时间检验。

此外，从人才养成的角度看，理论评论优秀人才较为缺乏。理论修养是人才综合素质的核心，评论人才具备与时俱进的理论素养是时代的呼唤和现实的要求。理论评论人才首先应对理论前沿要有全面的掌握，同时也要对社科、人文、经济等其他方面知识均要有所涉猎，这种基本要求的达成绝非一日之功，往往需要多年知识沉淀和积累。而当下网络时代，吸收新知识、新理念的途径多半来自互联网，许多人的知识结构是零碎片面的，不成完整体系，对一些观念的认知也缺乏考究精神。这就导致理论评论人才队伍的综合理论素养不高，难免出现一些评论内容被动应对的局面，也使得理论评论存在实地调研少、纸上谈兵多的现象。

全媒体时代，推动理论评论传播工作走深走实，需守正创新，统筹兼顾，久久为功，既要从源头上加强理论学习，始终高举理论的旗帜，把党的创新理论作为评论的灵魂，贯穿评论工作始终，又要创新传播手段和话语方式，让更多一篇篇"冒热气""接地气"的理论评论走进公共空间，走进大众视野，真正发挥理论评论强大的引领作用。

第四节　网络理论评论的创新突围及实例分析

一、网络理论评论的创新突围

当今，我们正处于全媒体时代，报纸、广播、电视等传统媒体融合转型热潮兴起，论坛、微博、短视频等新型传播平台强势崛起。网络理论评论面对重重挑战如何创新突围？成为广大网络新闻评论工作者的迫切课题。

对网络理论评论来说，要守正创新做好党的创新理论网上传播，既要坚守网络媒体主阵地，又要进军新型传播平台新阵地；既要"守正"，即守住主责主业不动摇将其作为立身之本，又要下大力气推动内容创新、形式创新、传播方式创新等，让广大党员干部群众"听得到""听得懂""听得进"，提高网络理论评论的传播力、引导力、影响力、公信力，巩固壮大主流思想舆论。

（一）提高政治站位，提升网络理论评论的引导力

其一，凸显党网属性，弘扬主旋律。党网理论评论要提高政治站位，高举党的创新理论的旗帜。要把党的创新理论作为评论的灵魂，体现在每一篇评论中，贯穿评论工作始终。① 网络理论评论是党网的旗帜，必须体现党的意志，反映党的主张，宣传党的路线方针政策，广泛凝聚共识，形成主流声音。

其二，加强主题策划，占领舆论高地。网络理论评论除了做好理论阐释工作，及时准确进行引导之外，还要加强主题策划，先声夺人。理论评论宣传要紧紧围绕经济社会发展中的重大问题，主动设置话题，回应网民关切，还可以邀请权威部门领导和一流专家撰写文章，全面、准确、深入地宣传党的理论和路线方针政策，以科学权威的观点解读推动各项决策部署更好地得到贯彻落实，凝聚全社会思想共识。

（二）创新论述方式，提升网络理论评论的感召力

网络理论评论要在坚持正确政治导向的同时，高度重视创新论述方式。不可固守老观念、老格式、老办法，不能照抄文件、空洞说理，要放下架子、端正位置、平等沟通、改进文风。化说教为说理，对网民多些释疑解惑、循循善诱，以理服人、以情感人。要善于从网民熟悉的生活、熟知的道理入手，以"小切口"讲透"大道理"，用"理论之思"答好"实践之问"，让网民真正"用得上"，让理论阐释服务广大网民。

创新论述方式还要注重将党的创新理论从抽象向具象转化，用小故事、小切口讲活以小见大、情理交融的党史故事，宣传阐释党的创新理论；以阐

121

---

① 杨煌：《全媒体时代，思想理论评论的新挑战及其突破》，《新闻战线》2019 年第 5 期，第 12~13 页。

释党的创新理论为"源头活水"，精选精编"新、活、实"的内容，通俗生动地阐释"高、大、上"的理论，推动广大网民学深悟透党的创新理论，潜移默化提升网民的理论素养。

(三) 创新话语表达，提升网络理论评论的亲和力

目前，互联网舆论场成为新阵地，网络理论评论的着力点和落脚点应该放在网络上。面对十亿级的网民，网络理论评论不能照本宣科、故作高深，论述时要善于将理论语言转化为群众的语言，增强理论评论的可读性、亲和力和感染力，力求让网民听得懂，听得进，听了信。

在论述时要做到深入浅出，将有深度的理论与"烟火气"的生活实际相结合，用网言网语回应网民关切的现实问题，不断推出既有深度又有温度的文章，让网民乐于接受、愿意阅读、获得启迪。

(四) 创新传播形式，提升网络理论评论的影响力

网络理论评论可以充分借助融媒体优势，让传播形式多样；始终坚持面向群众，用群众易于接受的形式阐述观点；文章力求图文并茂，运用视频、音频、漫画等多样化形式呈现内容，丰富理论宣传形式，让理论阐释更加生动活泼，传达到更多受众心中。

网络理论评论还可以采用线上阐释与线下互动相结合的方式，引导网民广泛参与，加强宣传引导，为理论宣传营造浓厚氛围。不能把理论宣传办成孤芳自赏的"独角戏"，而应该通过与网民互动共同"搭台唱戏"，把有意义的事做得"有意思"，使理论宣传接地气，见实效，可持续。

(五) 创新传播渠道，提升网络理论评论的传播力

媒体融合向纵深推进，网络理论评论工作要有互联网和新媒体思维。网络理论评论主阵地在网络，但不局限于网络。我们应不断推出高品质理论评论文章，用好主流新闻网站、高校网站等理论评论主阵地，联合商业网站、短视频平台、客户端等新媒体阵地，采用多元化的传播方式，产生乘数效应，加大传播力度，拓展传播广度，将传播触角不断延伸，壮大网络理论评论的宣传阵地，覆盖更多网民，推进打通党的创新理论宣传网上"最后一公里"。

创新传播渠道不能只求"广撒网"，还要有针对性，面对不同的受众群体采用分众化传播。例如，针对高校等学术研究群体，撰写学术理论文章；针对党政机关工作者，提供实用型、策论型理论文章；针对普通网民，提供观照现实的理论文章，在党的创新理论与不同的网民之间搭建起多样化的沟通

桥梁。

二、网络理论评论创新实例分析

新时代下的理论宣传工作离不开互联网。创新符合互联网传播方式的理论作品，可构架起理论与广大干部群众之间"零距离"的沟通桥梁。

近年来，一批网络理论评论栏目深受网民关注，如《理响中国》《有理有JU》《中国共产党百年长江情》《改变中国的真理力量》《马上见》《是这个理》等理论宣传栏目和作品百花齐放，推动理论时代化、大众化、通俗化，通过互联网让党的创新理论"飞入寻常百姓家"。

(一)理响中国

据齐鲁网介绍，《理响中国》是全国范围起步较早的大型融媒体理论节目，积极抢滩新媒体理论宣传阵地，将理论从内容、传播、形式、包装等各方面创新突破，其"演播室访谈+故事短片+观察员解读+融媒互动+理响中国说"的理论节目形态让人耳目一新。

该栏目的理论宣传作品融理论研究、理论解读、权威评论、理论宣讲、理论实践于一体，节目站稳人民立场，选取了大量的人民群众的身边事、平凡人，以小见大、见微知著，始终围绕广大群众的美好生活追求做文章，贴近百姓生活，聚焦民生关切和社会热点，使马克思主义理论更加接地气、有生气、扬正气，又以朴实真挚的讲述方式把人民群众对美好生活的真挚向往融入了中华民族伟大复兴的大逻辑、大情怀、大道理之中。

此外，节目充分应用融媒体技术，采用竞技答题、主题宣讲、文艺表演、大型融媒体访谈、视频短片、融媒互动、历史影像、观察员解读等形式，向受众精准传播，创新理论表达，线上线下、大屏小屏全方位立体式宣传推广，使党的理论成果落地生根、深入人心。

以《理响中国》栏目为指引，荆楚网(湖北日报网)推出《理响荆楚》专栏，此专栏紧跟理论宣传热点，围绕中国式现代化、主题教育、大兴调查研究等理论热点，将权威媒体上刊发的理论文章，改造成思维导图、手账、图解等形式呈现。#理响荆楚#微博话题阅读量达1753万，全平台点赞、评论达2000余次。该栏目全面、准确、深入地传播主流价值，引领网络舆论，打造有高度、有创意、有温度、有特色的理论空间阵地，扩大了理论宣传的覆盖面和影响力。

（二）有理有 JU

《有理有 JU》是理论宣传的创新探索之作，由荆楚网（湖北日报网）出品。一个"JU"代表作品的不断创新，从《有理有句》起步，到《有理有剧》，再到《有理有据》，通过图解、短视频等形式，小切口展现大道理，作品从内容到形式都展现出不断创新的活力和无限可能的张力。

首先，《有理有 JU》所有形态的作品主线清晰，均以学习习近平总书记的金句为指引，也是这个品牌系列作品的鲜明特点。习近平总书记在不同场合下多次发表重要讲话，很多精彩的话语在国内外广泛流传，成为金句。金句本身就具有传播力，也是习近平新时代中国特色社会主义思想的小切口呈现，通过"金句"可学思想、悟原理。

其次，作品语言风格和场景"接地气"。领学人结合工作生活实践，以小问题、小切口贴近百姓生活，深入浅出讲理论，把"学言学语"转化为"民言民语"，包括 80 多岁的院士在内的领学人还走进项目建设现场、田间地头、主题公园等地，一线调查研究，并为工人、农民朋友宣讲习近平总书记的思想、金句，让金句蕴含的思想深入实际、深入社会、深入人心，共同感受习近平总书记浓浓的人民情怀、家国情怀。

此外，作品社会参与面广，上接全国人大代表、部属高校校长、院士、荆楚社科名家等专家，下连工人、农民、学生，以及快递员、外卖送餐员、网约车司机等新型就业群体，德高望重的知名专家解读，最大限度地保障了理论学习不走调、阐释不变味、解读不跑偏，广大群众的参与，让理论场景生活化、大众化，让"金句"映照实践，让"思想"照亮人心。

作品一经推出，引发网友强烈共鸣，微博话题阅读量达 5430 万，全平台转评赞 3900 余次，被学习强国、网信湖北、新浪、今日头条等媒体推荐传播。已获评中央网信办 2023 年中国正能量网络精品、2023 年湖北省优秀网络文化项目、2023 年三季度湖北省"网络宣传好作品奖"。

（三）中国共产党百年长江情

2021 年建党百年之际，荆楚网（湖北日报网）联合省社科院开设《中国共产党百年长江情》理论专题专栏，聚焦百年，立足长江，以党史为魂，以长江为核，以融媒为体，立体传播推动正能量成为大流量。该专题专栏入选湖北省 2021 年度第四季度"网络宣传好作品"，获评湖北省 2021 年度十佳融合创新精品项目。

作品呈现出三大特点：一是切口小，从长江百年变迁看中国共产党辉煌成就，长江的时代变迁，是读懂中国共产党为什么能、社会主义为什么好、马克思主义为什么行的鲜活教材，以此为切口映照百年党史大主题，邀请长江流域 11 省市社科学者百余人深情讲述、畅谈长江故事，展示共产党人的长江情怀。

二是采用新媒体技术，多形态传播。专题中手绘及互动技术深度融合，以"红色""弄潮""绿色"三个篇章统领，分别通过手绘长卷，长江流域全景式图展示，以及习近平总书记长江足迹为轴动态呈现。三个篇章以时间为线，跳转自然，可看，可读，可听，可分享。

三是多级联动立体宣传，推动正能量成为大流量。荆楚网首发，湖北省社会科学院、省社科联官网同步开设《中国共产党百年长江情》专栏、官方微信择优刊发，中国社会科学网择优发布，学习强国平台同步转发。全网流量超过 1 亿，累计千余家网站转发。

（四）改变中国的真理力量

《改变中国的真理力量》是由湖北广播电视台和华中科技大学马克思主义学院联合出品的大型思想理论节目，通过学习辅导公开课节目，读懂习近平新时代中国特色社会主义思想对历史发展规律和大势的科学把握，视频点击播放量突破 5 亿。

节目在语言体系上，聚合了学术话语、实践感悟、民间姿态三方语言，将"道理"讲成"故事"，由"获知"引入"践行"，将"输出"转为"引导"，展现了伟大思想的真理力量。

节目在具体内容上，做到了理论阐释和生动实践相结合，以多种表现形式陈情于事、寓情于理；节目直面现实，主动走进现实、走进群众，全方位创新节目宣传理念、语言和策略，以锋利的问题意识、厚重的文献分析、扎实的基层访谈科学地回答了中国之问、世界之问、人民之问、时代之问；节目积极创新宣传方式，持续聚焦青年群体，在有宽度的视野中推动理论传播。

（五）马上见

思政课如何关注热点，贴近时代，吸引"眼球"？武汉大学《马上见》思政课给出了回答：善用"互联网+"技术，师生一起自编自导自演慕课，形成了独特的线上思政课模式。

《马上见》思政课是一档师生圆桌类谈话节目，被誉为"武大版锵锵三人行"。它注重跨学科对话，强调生产"互联网作品"——要有干货、要重设计，打通院内外、校内外、课内外的各类资源，让思政学科走出去，真实有效地面向青年学生和社会公众。《马上见》一经推出，吸引了无数"眼球"，成为最受关注的"网红课"之一。

(六)是这个理

基层理论宣讲是《是这个理》品牌的鲜明特点，在田间地头讲理论，让时代强音入人心。《是这个理》用百姓身边故事教育百姓，用群众亲身经历彰显创新理论的思想伟力，着力解决当前理论宣传有高度缺温度、有理论缺实践、讲得出悟不透等问题，形成了一些行之有效的做法。

《是这个理》节目是湖北电视综合频道、长江云联合制作推出的系列故事理论普及节目。节目以社科专家讲故事为基本定位，首创"社科专家下基层，田间地头释理论"的表现形式，将理性思考感性化，抽象思维具象化，在群众中广泛深入宣传习近平新时代中国特色社会主义思想。通过社科专家走入田间地头、基层现场，发掘故事、讲述故事，以接地气、直观鲜活、群众易懂、喜闻乐见的形式，从故事中揭示背后隐含的新思想的"理"，使群众在爱听爱看、入脑入心中接受党的创新理论的宣传教育，使党的创新理论"飞入寻常百姓家"。

节目自2020年开播至今，全网平台总点击量过9亿，党的创新理论影响力和覆盖面不断扩大。

三、网络理论评论的时代机遇及发展走向

随着评论类型和场景越来越丰富，网络理论评论的导向性对舆论发展方向的重要性不言而喻，其既是时代发展的见证者，也是社会进步的推动者，其贡献的正能量也是具有划时代意义的。

(一)网络理论评论的时代机遇

网络理论评论发展的背后是文化自信。中国特色社会主义文化自信，源于中国特色社会主义伟大实践，源于先进思想理论的科学指引，源于深厚的文化根脉和独特的文化优势，也源于对我国文化建设中问题的清醒认识和准确把握。聚焦中国特色社会主义文化，做好思想文化宣传工作，讲好中国故事，是网络理论评论在时代发展中的重要责任，应当顺势而为，在浪潮奔腾中敢于担当，做到立意高、方向稳、共识强。

　　融媒体技术的"新玩法"让评论时代的发展充满机遇与魅力。网络理论评论未来的时代，将积极运用新技术，打造与传统的文字评论截然不同的新场景。如，2020年以来，"人民日报评论"微信公众号的海报式评论《画中有话》；《南方日报》在2019年全国"两会"期间推出的微视频评论《叮咚V评》；湖北日报传媒集团荆楚网东湖评论推出的《东湖漫评》等，均在社会上取得了很大的反响。

(二)网络理论评论的发展走向

　　首先，提升信任度。应充分发挥理论评论的评析优势，深入浅出向广大群众宣传解读好各项政策。网络理论评论因拥有敏锐独到的解析能力，拥有互联网丰富的表现形式，越来越多地被受众接纳、吸收甚至传播。让受众自主成为传播者，是信任度提升的最好证明。

　　其次，丰富表现力。调查表明，受众对信息的获取60%～70%是通过图像化的表现方式获得的。它直观、鲜明、灵动，更加具象化的表现形式能被大家理解与把握，不拘泥于地域、语言、习俗和文化差别，表现范围要比纯文字更广很多，往往具有"一图胜千言"的效果。

　　最后，加强融合性。网络理论评论越来越多地作用于线下的现实社会，能够及时敏锐地反映民意，用多元化的表现形式传递民意。如本讲第四节案例分析板块中的名专栏，就是网络理论评论走向线下，用多元化形式传递理论的优秀实践，将图文海报、短视频、漫评论的形式融入优质内容之中，恰到好处地实现观点的"二次传播"，体现融合力之美，也铸就了栏目的高端大气上档次。

结　　语

　　互联网场域下的网络理论评论考验着社科界和媒体人的与时俱进和创新智慧。经过媒体融合的持续探索创新，网络理论评论在意识、机制、形式以及对技术的运用等方面，均有了长足的发展，既将严肃的理论话语转化成通俗易懂的百姓话语，使理论更加接地气、有生气、扬正气，又以朴实真挚的讲述方式把人民群众对美好生活的真挚向往融入了中华民族伟大复兴的大逻辑、大情怀、大道理之中。

　　网络理论评论未来将深化思想引领，不断创新，适应网络时代阅读需要，以更敏锐的思想、更多样的表现形式，赢得读者和多元舆论场的话语主动权。

参考资料

[1]单波、肖珺、吴世文：《中国传播创新研究报告(2020)》，社会科学文献出版社2020年版。

[2]王易：《守正创新》，商务印书馆2023年版。

[3]漆亚林：《智能媒体发展报告(2023)》，中国社会科学出版社2023年版。

[4]高海燕：《基于媒介融合的新闻传播创新发展》，中国书籍出版社2024年版。

[5]李斌、霍小光：《习近平：坚持正确方向创新方法手段 提高新闻舆论传播力引导力》，《人民日报》2016年2月19日。

[6]杨煌：《全媒体时代，思想理论评论的新挑战及其突破》，《新闻战线》2019年第5期。

[7]边建军：《在守正创新中奏响理论评论强音》，《中国地市报人》2023年第5期。

[8]杨怡：《全媒体时代提升理论宣传成效探究》，《思想政治工作研究》2024年第3期。

[9]李庆英：《让党的创新理论"飞入"网络空间——北京日报打造"理论季评"系列短视频的分析与思考》，《新闻战线》2024年第5期。

第六讲 网络评论风口及其未来发展趋势

目前，我们网民数量惊人，且每年仍呈增长态势。随着互联网应用不断深入，网民可随时通过不同的渠道和平台发表自己对新闻事件、社会热点的观点看法，已从被动的信息接收者成为信息的传递者，甚至直接参与到热点事件的讨论及评论文章的创作中，成为意见领袖。当然，在"人人都是麦克风"的网络空间，既有正向价值的网络评论，自然也会产生不明真相的谣言、抹黑、攻击等有害信息。互联网不是法外之地，这就更加凸显了网络评论有序、规范管理的重要性。网络评论因网而生，正焕发新的生命力，成为网络强国的重要抓手，也是提升网络舆论传播力、引导力、影响力、公信力的关键阵地之一。作为当前备受关注的内容生态，网络评论已成为学界、业界及相关行业领域关注及研究的重点。

第一节 网络评论的概念、特点及功能

一、网络评论界定

作为一个专业术语，网络评论已在新闻传播学领域和实践中应用广泛。不少人将网络评论与新闻评论、网络言论、网络评价等混淆。实际上，网络评论有其自身的内涵和外延。在网络评论蓝皮书《中国网络评论发展报告（2018）》①中，网络评论的定义为"网络媒介传递的具有评论性质的观点性信息"，包括通过网络发表的新闻评论，以留言、弹幕等多种形态存在的跟帖

---

① "网络评论蓝皮书"编委会：《中国网络评论发展报告（2018）》，北京：社会科学文献出版社2018年版，第3页。

评论，以及在微博、微信、论坛、贴吧等社交媒体或其他新媒体平台上以多媒体形态表达的网民意见等。这个定义具有广泛性特点，也是基于互联网语境下，网络评论自身外延相对广泛而定，有利于全面、系统地分析网络评论的传播现状和发展趋势，多维度、立体化地分析网络评论的特点和传播规律。

实际上随着互联网技术及平台的深入发展，以及互联网与衣食住行等方方面面的融合，网络评论又有新的发展，突出地表现为从单一观点表达变为政府职能部门、媒体平台主动借助网络评论来进行舆论引导，通过基于用户评论来主动做好诉求对接与问题解决，成为走好网上群众路线的重要抓手。当然，一些商业主体及行业领域，也非常重视网络评论，通过用户的评论信息，针对性调整产品和服务，更好地增强用户黏性，助力自身可持续发展。譬如通过中国知网查询"网络评论"，《休闲旅游农业视角下基于网络评论的玫瑰园形象感知分析》《基于网络评论分析的重庆夜间文旅集聚区提升对策研究》《国家矿山公园旅游形象对比：基于游客网络评论》《基于网络评论文本分析的公园使用评价研究》等几十篇基于网络评论的研究非常具象，这恰恰彰显了网络评论的时代价值。基于此，网络评论应理解为"互联网生发的具有交互性、引导性及实用性的观点信息"。

二、网络评论特点

网络评论是伴随着互联网的发展而衍生的一种评论形式，其与传统的新闻评论、报纸评论、杂志评论等明显的区别在于"网"字。网络评论特色鲜明，具体突出表现为：

（一）自发性与专业性融合

网络评论参与的群体非常广泛，超越了任何一种传统的评论形式。第53次《中国互联网络发展状况统计报告》显示，能够"在互联网上发表观点，并与他人交流联系的"网民占比59.1%。也就是说，网络评论具有随时随地性，只要网民能上网触达相关信息，具有一定的网络媒介素养，就可以参与互动评论。譬如，刷手机看剧、看短视频，随时可以对剧情、演员等进行评论。此类网络评论往往以互动留言形式为主。除此之外，还有一些自媒体，会根据热点事件，自发地进行评述，并发在互联网平台上，引发二次传播，其他网友又参与进去讨论，形成新的舆论场。

除此之外，普遍比较熟悉的，就是专业的媒体机构、新闻评论员等参与的网评写作，这类网络评论作品质量非常高，专业性比较强，一方面是对创作的时效性有较高要求，另一方面对参与者自身的素养要求也较高。譬如，主播说联播、东湖评论、红辣椒评论等。实际上，随着互联网的发展，媒体机构也开始转型，进一步对社会各界开放平台，鼓励观点表达的创新，譬如吸纳高校美术学院的漫评作者，吸纳高校新闻学院的音视频等特长作者，吸引文联作协曲协等机构的名人等，让观点表达更加接地气、吸引人。此外，也加大自身网络评论平台的建设，譬如浙江宣传、观潮的螃蟹、重庆瞭望、放鹰台等，成为知名的观点表达平台。互联网一切皆有可能，也为网络评论的融合发展提供了无限可能。

(二)感性发言与理性辨析交替

现实世界，我们常说有人的地方就有江湖。同样，在虚拟的网络世界，有人评论的地方就是江湖。互联网的舆论生成比现实世界的观点争辩更为复杂，因其具有一定的隐匿性，往往导致一些言论具有较强的情绪化，甚至基于个体自身的心情、素养等因素，导致参与评论的随意性较强。当然，绝大多数参与网络评论的人都比较理性，能有自己理性判断，即便是辛辣的互动留言，亦是对事不对人，具有一定的建设性。网民基数大，对于同一事件，有不同的看法也在情理之中。只是需要提醒的是，每个人都要对自己的言论负责，说出的话就意味着承担此话的责任，尤其是蓄意抹黑、造谣、攻击的言论，应承担相应法律后果。因此，这也提醒我们，互联网与现实世界并无二致，理性发言是明智之选。

(三)偶有失序转向规范管理

131

互联网的特点是广参与性，基于这一特性，网络已成为网友参与公共事务的重要言论表达渠道，各类社会问题在互联网语境下极易成为争论的焦点。尤其是突发事件，因其社会关注度高，如果信息发布不及时，就容易导致谣言满天飞，这样的情境下，网民的发言就容易表现为个体性、情绪化，甚至会引发骂战、互相攻击，导致网络管理失序。尽管这种情况会随着热点事件的清晰，舆情温度下降，加上管理的介入，会逐步恢复平静，但不符合营造清朗网络空间的管理要求。

2022年12月，国家互联网信息办公室印发《互联网跟帖评论服务管理规定》，明确互联网站、应用程序以及其他具有舆论属性或社会动员能力的网站平台的管理责任。譬如，用户个人信息保护制度、先审后发制度、信息安全管理制度、跟帖评论违法和不良信息公众投诉举报和跟帖评论服务使用者申诉制度等，这一套法律组合拳，明确了网络评论平台提供者的责任，同时也对参与网络评论的个体提出了明确的方向指引。

（四）单一性向实用性转化

在不少人的认知里，网络评论还是过去论坛灌水、博客作者的感性分享等，实际上随着互联网的发展，网络评论的价值被识别出来，尤其是有思想性、有观点性的网络评论内容深受欢迎，一些基于网络评论的创意活动也实实在在地赋能行业及地方经济发展。譬如，大家熟悉的"与辉同行"，董宇辉的直播，实际上就是网络评论的一种，其已经跳出了对单一货品的评价，展示出深厚的文化积淀，充分展示了网络评论的价值，以及对网民的吸引力。2024年3月22—26日，董宇辉来到湖北，边看边评，金句频出，为湖北文旅上分，相关话题一度冲上微博热搜。此外，基于网络评论的舆论引导功能也应引起我们的重视。2023年，湖北省应急厅、省社科联及鄂州市、孝感市孝南区、神农架林区等相关部门举行了不同主题的网络评论大赛，激发了内部活力，同时聚合了外部智库力量，展示了行业、地域发展，实现了多赢局面。

三、网络评论功能

重庆大学新闻学院刘海明教授在《新闻评论写作教程》①一书的绪论里提到了新闻评论的社会功能和个人功能。其中社会功能强调了评论的诊断、宣传、正义、舆论监督、史料功能，个人功能则突出了追问、思考、表达、立身、担责功能。网络评论作为新闻评论的一种，除具有新闻评论的功能外，还有其自身的独特价值。

---

① 刘海明：《新闻评论写作教程》，北京：中国传媒大学出版社2023年版。

（一）网络强国建设的重要抓手

互联网是了解社情民意的重要场域，多层次、多角度、多渠道地挖掘网络评论资源，有助于政府部门、行业领域及时回应社会关切、疏导社会情绪、破解难点问题。"互动沟通"是走好网上群众路线的重要方式，可化被动为主动，充分尊重民意、听取民声，发挥全体网民的主动性和创造性，将网络评论反映出的民意凝聚为助力网络强国建设的重要驱动力，进一步提升网民的参与感、获得感。此外，互联网社群化特征明显，可以通过主动提供社群平台，吸引不同年龄、不同行业、不同喜好的群体积极参与到网络评论工作中来，并提供激励和评价机制，给予相应的奖励。譬如，媒体平台的稿酬、网评大赛的奖金等。通过吸引更多正能量群体参与网络评论，党媒可于众声喧哗中立主导、多元多样中谋共识，凝聚崇德向善正能量。

（二）赋能行业、地方高质量发展

互联网时代，任何行业、地方的发展都离不开良好的舆论环境。面对虚假谣言、负面消息如果不加以及时管控及有效消弭，就会"三人言成虎"，严重影响舆论场和社会秩序。除了正确应对网络舆情，权威发声，营造风清气正的良好网上舆论氛围外，还应主动谋划，做好议题设置，发挥网络评论智库功能、引导功能及宣传功能。

譬如，2023年8月25日，中央网信办网络社会工作局、应急管理部新闻宣传司联合开展"新征程上看应急"网评引导活动，通过凝聚应急管理公益宣传大使、网络正能量人士、权威媒体记者等力量，赴浙江、广东等地实地观摩应急管理工作的创新举措、特色做法和典型经验，向广大网民讲好应急管理事业发展的动人故事，推动形成"人人讲安全、个个会应急"的浓厚社会氛围。活动发挥了网评引导功能，同时还借力合力，潜移默化地推介了应急工作亮点，吸引社会大众关注应急知识，取得了良好效果。

网络评论赋能地方经济的例证也比较突出。譬如2022年"好评中国"颁奖仪式结束后，同步举行了"好评中国·走进湖南"网络主题宣传活动。通过组织2022年"好评中国"网络评论大赛评委与作者代表，以及央媒和省内外媒体代表，先后前往湘潭、岳阳、常德、怀化、湘西等，在六天时间的实地走访中，由点及面，从湖南发展看祖国大地奔腾发展的澎湃气象和蓬勃昂扬的时代风貌。同样，2023 年，湖北举行了 10 场不同行业、不同地方的主题网评大赛，也是通过邀请专家、学者、全国优秀网评作者代表、网络大 V、主流媒体网评负责人等，深入各地、深入一线，去看变化、提建议以及助发展，实实在在地助力当地出圈出彩。

(三)个人成长成才的新赛道

重视互联网、发展互联网、治理互联网，习近平总书记念兹在兹，要求"使互联网这个最大变量变成事业发展的最大增量"①。同样，每一个个体作为互联网上的端点，要学会了解、甄别和运用互联网上有用的资讯信息，在交互学习中提升自己，从而助力事业发展。网络评论蓝皮书《中国网络评论发展报告(2020)》②对网络评论用户的价值观与生活方式进行了统计，分别为"自我实现型""休闲娱乐型""工作生活型""责任意识型"等六大类型，无论是处于什么动机参与到互联网当中，如果能意识到其中的成长因子，无疑是抢占了先机。先机意味着新赛道，谁先参与，谁先受益。

参与网络评论，实际上就是一个主动了解政策动向、接触社会热点并学会思考的过程。网络评论已经从专业主义向大众主义转变，这意味着社会各界都可以参与其中。尤其是大学生、青年干部、高校教师、社科工作者等群体，应主动思考，积极发声，把自己作为社会舆论的推动者、行业发展的助力者、公平正义的倡导者、民主法治的宣传者，积极发表观点，那么一篇网评文章就不仅仅是一篇作品，更是一份社会责任。在这个持续创作过程中，养成了关注时政、关注热点的好习惯，在思考过程中养成了融合思维，提升了思辨能力，笔力也不断进步，综合素养自然就增强了，这对个人的发展也是潜移默化的助力。

第二节　网络评论的风口与机遇

网络评论工作是互联网时代既具专业性，又有群众性的宣传工作，是党

---

① 《习近平谈治国理政》第三卷，北京：外文出版社 2020 年版，第 311 页。

② "网络评论蓝皮书"编委会：《中国网络评论发展报告(2020)》，北京：社会科学文献出版社 2020 年版，第 51 页。

的新闻舆论工作的重要组成部分。通过个性化的语言和多样化的表达，网络评论能够引导公众正确理解和认识社会热点事件和问题，从而发挥积极的舆论引导作用。此外，网络评论也是政府部门走好网上群众路线的重要抓手，通过了解社情民意，及时吸纳群众建议，及时解决群众诉求，共同构建网上网下同心圆。当然，对于企业而言，重视网友的互动评论，重视通过评论来塑造口碑，也是为持续发展营造良好的外部口碑和氛围。

一、时代风口

当前，互联网已成为人们获取信息、交流思想的重要平台。在虚拟的网络世界，网络评论作为一种独特的表达方式，为广大网民提供了一个展示观点、交流思想的空间。习近平总书记指出，谁掌握了互联网，谁就把握住了时代主动权。互联网时代，舆论引导的重要性日益凸显，直接关系着网络空间的意识形态安全，网络评论作为互联网时代最为有效的引导方式，重要性更加凸显。

此外，据网络评论蓝皮书《中国网络评论发展报告（2019）》的调查结果，71%的用户上网时首先关注新闻，88%的用户认为网络评论与新闻同样值得看，甚至更值得看。[①] 在"众声喧哗"的互联网时代，网络评论主体多元，不同主体间评论立场的表达与竞争，不仅在比拼时效、速度、平台、形式，更是在进行一种价值观的比拼，是看问题的角度、深度与专业性的比拼，那么对于媒体机构、网络评论爱好者、自媒体等而言，机会是一样的，谁的内容精彩，受众就会青睐谁，谁就会赢得发展的机会。

二、政策风口

大力弘扬主旋律是互联网语境下正面宣传的总要求。特别是在突发事件和网络热点事件中，通过网络评论，可以及时发出正面声音，有效引导网络舆情，为经济、社会高质量发展营造风清气正的舆论环境。因此，中央网信办高度重视网络评论工作，不断创新工作机制，推动网络评论工作高质量

135

---

① "网络评论蓝皮书"编委会：《中国网络评论发展报告（2019）》，北京：社会科学文献出版社2019年版，第65页。

发展。

2019 年 6 月 27 日，中央网信办在北京召开网评工作推进会，旨在进一步提升网络评论的传播力、引导力、影响力、公信力，更好地发挥其舆论引导作用。会议要求各网站要从提高政治站位、加强内容建设、健全工作体系、加强队伍建设、推进技术治网五个方面着手，推动网评工作再上新台阶。

2022 年 6 月，中央网信办网络传播局、中央网信办网络社会工作局、教育部思想政治工作司、共青团中央宣传部联合主办 2022 年"好评中国"网络评论大赛，催生了一大批优秀网络评论，掀起了一股"好评中国"热潮，唱响了中国好声音，激发了澎湃的精神力量。

2023 年 7 月 18 日，2022 年网评工作"创四优"竞赛活动成果在 2023 年中国网络文明大会主论坛上发布。此次网评工作"创四优"竞赛活动由中央网信办网络社会工作局、中国互联网发展基金会主办，光明网承办。活动在全国开展，参赛作品阅读量达 174 亿次，最终推选出 100 个表现突出的集体、200 个表现突出的个人、200 个优秀网评作品、200 个优秀网评账号，挖掘出一批弘扬时代新风、共建网络文明的中坚力量。

2024 年 1 月 3 日至 4 日，全国网信办主任会议在北京召开。会议强调，要不折不扣落实习近平总书记重要指示精神和党中央重大决策部署，持续用习近平新时代中国特色社会主义思想凝心铸魂，不断巩固壮大网上主流思想舆论，坚决防范化解网络意识形态风险挑战，持续提高网络综合治理效能，全面推进国家网络安全体系和能力现代化建设，以信息化发展新成效助力高质量发展。

这些都表明，网络评论工作越来越受到重视，其功能也越来越得到彰显，参与的群体也越来越多。

三、平台风口

网络评论高质量发展离不开创新驱动、理论支撑、智库发力，推动网络评论建设要夯基固本，加强网络平台基础性研究，加快网络评论应用性研究。《网络传播》杂志刊发的《网络评论的传播主体分析报告》一文将网络评论传播主体划分为三大类：媒体把关人、机构和自媒体。各类主体基于自身特点，参与到网络评论工作中来，立足于传播主流价值观，弘扬社会正能量，做好价值引领。同时，遵循网络传播规律，重视网民需求与体验，拓展传播渠道，丰富传播手段。

机构媒体主动抓住网络评论风口，一方面拓展评论平台的影响力，另一方面创新开展网络评论研究。譬如，荆楚网(湖北日报网)在2020年4月成立楚天网络评论研究院，广泛凝聚新闻媒体、社科专家、高校学者、社会网评作者等力量，打造从主流媒体角度专注网络评论写作、研究的省级研究机构和复合型智库，依托研究院，开展了主题网评大赛、网评沙龙、荆楚民生观察团等特色网评活动。除此之外，机构媒体也加大了对网络评论的投入，为更好地吸引优秀作者投稿，"重庆瞭望"征稿时确定每篇稿费为2000~10000元；"安徽时评"也启动基础稿酬+阅读量加成激励投稿模式。知识付费时代，有观点有思想有价值的网络评论作品是硬通货。

自媒体传播主体的评论立场更加丰富和多元，能够最大程度彰显个人立场，也成为内容创业的"风口"，涌现出一大批影响力较大的自媒体平台。很多自媒体平台通过发表观点和言论等吸引网民，积极与网民互动，同时创新获利模式，有效提高了转化率。譬如，卢克文工作室、吐槽青年博士、数字立场等，这些受欢迎的自媒体观点平台，吸引了各自的受众，也迎来了发展机遇。

第三节　网络评论的参与群体及正向价值指引

网络评论，作为一种观点表达的意见性叙事形式，已成为互联网内容建设意见性信息的重要组成部分，是一棵树摇动另一棵树、一朵云推动另一朵云、一个灵魂召唤另一个灵魂的思想浸润。在互联网的场域内，具备基本数字素养的群体，都可以参与到网络评论中来，譬如对热点新闻进行即时性跟帖评论，对热点事件发表评论性文章等。此外，各行业领域意见领袖通过自媒体平台，发表专业性的观点性评述等，所有的基于互联网生发的观点性信息共同营建了互联网的舆论生态。

一、网络评论的参与群体

在全国宣传思想工作会议上，习近平总书记强调："宣传思想工作是做人的工作的，人在哪儿重点就应该在哪儿。"①我国互联网网民数量持续攀升，说明绝大多数群众都在互联网上，都通过互联网来表达观点，参与社会治理。做好网络评论工作的根本目的在于用网络评论塑造网络新空间，用网络评论勾画最大同心圆，在这个目标之下，我们可以根据参与网络评论者的不同动机，对该群体进行群像分类。如网上冲浪型，对于感兴趣的内容，乐于互动留言和转发，也包括一些吐槽言论；业余网评爱好者，主要是基于兴趣爱好，围绕社会热点积极创作网评文章，并向主流媒体网评平台常态化投稿；专业的媒体机构网评从业者，此类群体非常注重专业性，突出体现权威性和价值引领，诸如本网评论员文章、独家策划人等，需要始终坚守价值取向，保持自身特色定位，同时要不断推陈出新，赢得传播主动权；再就是自媒体平台，这类群体以观点表达见长，往往是某一个行业领域或者关注某一个领域的意见领袖。无论是哪一个群体，参与到网络评论当中，都应遵守互联网管理规范，主动适应网络舆论场表达，切莫唯流量论，共同肩负起营造清朗网络空间的使命和责任。

二、网络评论的正向价值指引

互联网作为亿万网民获得信息、交流信息的最大平台，在凝聚共识中有着不可替代的重要作用。2016 年 4 月 19 日，在网络安全和信息化工作座谈会上，习近平总书记勉励大家："建设网络良好生态，发挥网络引导舆论、反映民意的作用。"②他鼓励各级党政机关和领导干部要善于运用网络了解民意、开展工作，各级干部特别是领导干部一定要不断提高这项本领。

随着互联网的发展，网络成为人们获取信息和交流信息的重要渠道，但与此同时，网络上也存在大量的负能量内容，如虚假信息、恶意攻击、低俗内容等。在互联网的空间里，如果负能量的内容占据上风，那么舆论生态就

---

① 《习近平关于网络强国论述摘编》，北京：中央文献出版社 2021 年版，第 51 页。
② 《习近平谈治国理政》第二卷，北京：外文出版社 2017 年版，第 335 页。

会朝着不好的方向发展，各种舆情事件就会层出不穷，进而影响到现实生活。面对网络舆情，如果不及时说、不敢说、不会说，各种衍生的真假信息就会挤占网络空间，只有及时准确地发声，才能有效应对舆情。

网络评论是对热点新闻或争议事件的逻辑化开掘、审视、思考，也是对事实的抽象化提炼、反思、追问。网络评论的价值不是简单的批判，而是基于理性认知的循循善诱，找准问题的成因，直击问题的痛点，从而进行客观详细的分析，推动相关行业和整个社会的进步发展。

三、典型案例及其意义分析

参与网络评论写作并不是权威媒体机构的专利，在互联网的大背景下，一大批优秀的作者参与到网评写作中来，提高了网络评论的质量。传统的媒体评论部门在互联网舆论的汪洋大海里，一个人能驾稳一艘船很不容易，所以，主动开放平台，吸纳社会各界优秀作者参与创作不失为一个明智的选择。尤其是网络评论快速发展的这几年，一大批优秀网评团队和网评作者脱颖而出，成为深受欢迎的网络正能量榜样。

(一)网络评论写作团队

当前，互联网已成为意识形态斗争的主战场、主阵地、最前沿。如何尽快掌握互联网这个最大舆论战场上的主动权，使互联网成为明辨是非、讲清真相、释疑解惑、疏导情绪，以及助推改革发展、维护和谐稳定的重要阵地，是我们亟须解决的一个重大课题。寻求最大公约数是凝心聚力的重要途径，我们应最大限度地把不同阶层、不同人群团结起来，聚焦到干事创业伟大目标中来，让各行各业的优秀代表积极发声，运用接地气的语言把大政方针表达出来，增强网上信息内容的吸引力、感染力和传播力，让广大网民愿意看，看了信服。实际上，全国各地涌现出许多优秀的网评团队，他们因行业、兴趣等相聚，积极创作，推出了一批优秀网评作品，成为网络正能量的优秀代表。

譬如，武汉市江夏区"青苹果乐园"从 2014 年成立至今，十年来，团队始终保持 200 余人，自觉进行正能量作品创作，年产出作品 2000 余篇，在中央级媒体刊载 200 余篇，一大批优秀的青年获得进步和成长；2014 年 9 月，

139

汉江师范学院创新高校思政工作路径，以马克思主义理论家、教育家、哲学家杨献珍先生的"红笔"精神为指引，创办"红笔"网评阵地，广泛开展网络舆论引导和网上文明传播，重点做好大学生网络思政工作，培养了一支赓续红色精神，传播正知、正念、正能量的优秀思政工作队伍。这些优秀网评作者团队，因为兴趣相聚，通过关注时事热点，积极创作网评作品，同时创新观点表达形式，成为活跃在互联网上的正能量先锋。

(二) 大学生网络评论爱好者

青年是当今社会最富活力最具创造性的群体，理应走在创新创造前列。的确，在互联网上，青年群体表现十分活跃，无论是给主流媒体投稿，参加互联网主题活动，还是在 B 站、抖音等视频平台，青年人的身影最为活跃。因此，关注青年群体，吸引青年群体，团结青年群体，是做好舆论引导工作的重中之重。

全国青联委员、团中央新媒体中心总监肖健认为，当下青年网友崇尚个性表达，充满思辨意识和个人权利保护意识，敢于质疑权威，反感单向说教，主流新闻舆论惯用的"说教式"主流叙事讲出的故事已不足以打动青年。除了青年个体，还应该了解青年聚集的舆论场。人的关注并不是无限的，传播和引导也一定是竞争性的，主流新闻舆论也在以一种竞争关系争夺青年的注意力。基于此，荆楚网、红网、华龙网、四川新闻网、云南网等纷纷举行针对大学生群体的网络评论大赛，通过创新大赛，吸引全国高校大学生的积极参与。譬如，以荆楚网全国大学生网络评论大赛为例，截至目前，大赛已举办十届，参赛大学覆盖全国，甚至吸引了外国留学生参赛，一大批优秀大学生脱颖而出，成为央媒、省媒评论平台骨干。如华中科技大学新闻与信息传播学院刘帅入职南方网评论部；湖北大学新闻传播学院程曼诗入职湖北日报理论评论中心，成为部门骨干；大赛冠军南昌大学冷凝入职深圳电视台；汉江师范学院许洁顺利通过专升本，作品多次获评湖北省季度网宣好作品等，还有一批优秀选手考上公务员，在新的岗位上继续坚持创作，获得了更好的发展机会。

(三) 网络评论自由撰稿人

在互联网上，还活跃着一群有思想有情怀勤动笔的优秀网评作者，他们来自全国各地，也来自各行各业，始终关注社会热点，关注行业发展，并积极投稿，为营造网络清朗空间贡献一份力量，为行业发展鼓与呼。对于这些网评爱好者，主流评论平台也给予尊重，给予稿酬奖励。同时积极邀请他们参加网评沙龙活动、网评大赛、网评主题基层行等活动。

具体就东湖评论而言，五年来，发掘培育了一大批优秀网评作者，譬如武汉江夏区的肖璐、张小草、熊苹、陶玉、周楠、涂亚娟、徐勇等，武汉武昌区的陈康、许诺等，武汉东西湖区的喻凯、任朝阳等，武汉经开区的刘粤、李楠、黄晓彤、卢希等，湖北宜昌的谢乔、杨五一、陈虎、胡平先、马艳、胡波、朱大钊、钱山、谭金山、李文俊、方海燕、冯靖炜、樊雪雨等，湖北襄阳的付云、王丽、张志克、陶成、王艺珺、冯欢等，还有来自社科界的优秀作者，譬如华中农业大学马克思主义学院的程华东教授、重庆大学新闻学院刘海明教授、省社科联信息中心王鑫老师、省社科院彭玮及杨丹老师、汉江师范学院马克思主义学院的胡文江副教授、三峡大学马克思主义学院的刘咏燕副教授、湖北美术学院公共课部的陈艳丽及陈曦老师等。这些优秀作者不仅自己通过网评写作发光发亮，还带动身边人共同创作，成为各自领域的正能量榜样。

第四节　网络评论的裂变方式及其应用场景

当前，互联网正以前所未有的深度和广度改变着舆论格局，影响着人们的思想观念和价值判断。舆论传播的主体、方式、渠道、影响已发生根本变革，移动互联网等开放式、交互式传播对媒体机构的冲击不断加大，全民裂变式、立体化传播格局正在形成，给宣传思想工作特别是网上舆论工作带来挑战，同时对从事网络评论工作的群体而言，也意味着新的机遇，网络评论的应用场景也要与时俱进、不断拓展。

一、网络评论的多样化形式

互联网语境下，观点的传播具有天然的竞争性，因此，网络评论的呈现形式日趋多元，一切有利于观点传播的形式都可以融合到网络评论写作中。除了大众熟悉的文字评论，还有音视评、漫画评、动漫短视频评、直播评、沙画评、曲艺评、书法评，以及最新的 AIGC 海报评、AI 虚拟主播评等。譬如，神农架首届网评大赛吸引了河南省曲艺家协会会员屈国杰，他创作了快板书《醉美神农架，生活顶呱呱》，语言明快，节奏感强，很有特色；在湖北省应急厅首届网评大赛中，《漳河大鼓声声唱，安全意识记心上》则是充分运用了宜昌当阳市地方曲艺漳河大鼓，通过方言演绎，宣传森林防火，让人耳目一新；湖北省社科联网评大赛获奖作品《"五十三梯"步履铿锵》，则是湖北美术学院师生联合创作的漫画，形象生动，观点表达明晰。正是因为互联网观点多且杂，如果不主动创新，不紧跟网民的喜好，不抓住传播规律，再好的观点失去传播，就属自娱自乐，达不到成风化人的效果。

二、网络评论的应用裂变

从传统的认知来看，网络评论的应用主要集中在舆论引导上。实际上随着互联网的深入发展，网络评论的功能不断得到拓展，其应用场景也在不断转换，自身的效能也在不断增强。

一方面，不同行业领域的研究者开始以网络评论为研究对象，譬如武汉大学信息管理学院、武汉大学电子商务研究与发展中心基于 B 站视频弹幕和评论来研究青少年对网络信息内容治理的态度；广东外语外贸大学外国语言学及应用语言学研究中心探究公共事件网络评论中指责回应的社会语用；兰州交通大学建筑与城市规划学院基于网络评论来对大唐西安市文化景区旅游形象感知分析；南通大学信息化中心基于认知评价理论视角，研究网络不文明评论对受众情绪体验和传播行为的影响等。这些研究说明，网络评论不仅仅是研究对象，更是一种研究工具，起到了媒介作用，真正实现了多学科融合。

另一方面，媒体机构也在积极转型，主动思考谋划，抓住网络评论发展的契机壮大自身实力。譬如，应运而生的主题网评大赛，就为网评提供了多样化的应用场景，既能发挥网评的舆论引导功能，又充分地发挥了网评智库作用。2023 年，荆楚网(湖北日报网)及楚天网络评论研究院联合湖北省应急厅、湖北省社科联、孝感市安陆市、孝感市孝昌县、孝感市孝南区、神农架林区、鄂州市等单位联合开展了不同主题的网评大赛，通过大赛吸引了全国同行业，以及文联、作协、曲艺家协会、摄影家协会等作者参赛，参赛作品的质量较高，实实在在地赋能行业和地方，获奖作者实地调研，再评再述，进一步扩大了活动的影响力。

当然，在互联网的商业场域，同样可以看到网络评论的身影。譬如直播的场景，用户与主播之间的留言互动，甚至是连麦互动，其实就是网络评论生成、交互的场景。好的主播，出口成章，也就是大众俗称的"小作文"，实际上就是一篇篇极为精彩的短评。另外，在购物平台，以及各大商业体的APP及小程序，用户的评论也是极为重要的。如外卖、打车等，用户的评论直接影响参与主体的信誉和收益。

三、网络评论的广阔前景

随着互联网的纵深发展，网络评论的重要性愈发凸显，成为行业部门、各级政府强化舆论引导的重要抓手，同时也是主要商业平台、商业主体非常珍惜的稀缺资源。

《中国网络评论发展报告（2020）》蓝皮书显示，市场在配置网络评论的内容资源、商业资源、渠道资源等诸多方面发挥的作用日益凸显。[1] 新兴网络内容平台通过资源置换、版权购买、收益分成或投资收购等方式与传统新闻媒体开展内容合作，并投入巨额资金补贴自媒体内容生产者。如今日头条推出"千人万元"计划，一点资讯推出"创作者独享"政策，腾讯推出"芒种"计划等。巨额资金的投入、内容创业者的激增等因素推动网络评论生态创新加速迭代。微博、微信公众号、短视频、直播等各类形态与网络评论内容不断融合，在这个过程中，积极参与优质内容生产的群体，抓住了发展机遇，不仅取得了较好的收益，也衍生了一大批优秀的内容生成主体账号及正能量意见领袖。

143

---

① "网络评论蓝皮书"编委会：《中国网络评论发展报告（2020）》，北京：社会科学文献出版社 2020 年版，第 51 页。

第五节　网络评论未来发展趋势

基于大型语言模型的生成式人工智能在文本创作、图片合成、视频生成等方面展现出强劲的发展潜力，推动了信息传播领域的变革。一方面，人们不用过于恐慌，担心人工智能将超越人类，彻底取代传统媒介。另一方面，也不用过于乐观而无所作为。根据生成式人工智能所呈现出的双重面向，需要做到在充分发挥技术优势的同时防范和化解技术风险，探索形成人机和谐、共生互惠的新局面，这是信息传播顺应时代发展的应然之路。因此，网络评论要顺应发展趋势，积极作为，抓住新技术风口，助力事业高质量发展。

一、互联网新技术助力网络评论更出彩

人工智能生成内容(AIGC)正在变革人类的知识生产方式，推动知识生产与传播范式的变革以及知识的跨学科融合，并在学术界和产业界引起了激烈的讨论。根据"新一代人工智能信息传播与社会治理"学术论坛综述，西安交通大学新闻与新媒体学院陈积银教授认为，新一代人工智能信息传播在全球发展得如火如荼，在大大提升生产效率的同时，其产生的社会问题也不容忽视。北京师范大学新闻传播学院教授喻国明认为，生成式 AI 是实现传播理性与非理性要素交织的新媒介技术，面对其未来的发展，应允许通过技术小规模试错来厘清发展路径。这场关于人工智能的主题论坛收到了 200 多篇不同视角的论文，充分说明了学界对人工智能这一前沿领域的关注。新技术的出现往往也意味着新的变革、新的挑战和新的机遇。

2024 年 4 月 1 日，人工智能公司 OpenAI 宣布，从当天起，将逐步允许用户直接使用 ChatGPT 而无须注册该项服务。据称，这个新规将使 185 个国家和地区的超 1 亿用户受益。这也意味着，关于人工智能的应用群体和应用场景将进一步拓展，这对于网络评论的发展而言，也是一次很好的机会。AI 驱动的文本生成，可大幅缩短写作时间；通过 AI 生成图像可显著降本增效。这对于媒体机构、自媒体还是网评创作自由撰稿人，都是利好，有助于观点的多样化呈现。

二、思想价值的稀缺性更加凸显

尽管人工智能带来新的突破，但不可忽略的一点是，技术终归是手段而非结果，技术替代不了人的思想，尤其是在突发的舆论事件当中，面对错综复杂的情况，个案均不相同，单纯依赖人工智能文本生成，显然是不可取的。网络评论是思维的过程，文字表达只是最终的呈现方式，在这个思辨的过程中，不仅有思想更有情感，所以在互联网向纵深发展过程中，有思想有人情味的观点更显得弥足珍贵，这也是未来知识付费，观点带来收益的必然结果。

此外，人工智能语境下，网络环境发生了三种变化，直接关乎网络评论的未来发展：一是由议题设置转为属性设置，二是从情绪的表达转为问题的诠释，三是从全民表达转为全民"讨论"。我们在关注人工智能发展的同时，要紧跟社会发展趋势及当下社会大众的普遍关注点，切莫闭门造车，关注网友的关切，真正让有价值的思想观点凝聚成最大发展合力。

三、基于网络评论的创新活动层出不穷

AI内容创作与交互的新范式可能催生创新的商业模式，也就是说媒体机构也好、自媒体也好，需要进一步解放思想，认识到网络评论不仅仅是工具，更是媒介，准确地说是连接。可以通过网络评论来连接各行各业，助力各行各业实现更好发展。2024年，荆楚网东湖评论、楚天网络评论研究院将联合更多行业领域及地方政府部门开展不同主题的网络评论大赛，同时还有基于智库服务的网络评论建言献策。当然，基于人工智能技术，还会衍生网络评论新的产品形态。新的产品又赋能新的网络评论创意活动中，增强了活动的宣传效度。

四、参与网络评论的群体获得更多成长机会

尽管人工智能已经展现出惊人的技术天赋，但带有思想性和人情味的观点仍然是稀缺品，不仅带给社会大众情绪价值，更是自我价值的外在体现。从过去的五年时间来看，重视网络评论工作的行业主管部门，不仅在舆论引导中赢得先机，同时也通过创新网络评论活动，识别了行业内外优秀的网评

作者，通过活动增强用户黏性，持续推出形式多样的网络评论作品，让社会各界了解行业发展动态，关注行业，理解行业发展难点，为行业发展营造了良好的外部舆论环境。除此之外，一大批优秀网络评论作者脱颖而出，不仅在各类网评大赛中取得佳绩，还在各类网评活动中展示风采，自身获得了更好的成长。

结　　语

网络评论并非新鲜事物，借助互联网东风、技术革新又焕发新的生机。在互联网"人人都是麦克风"的时代，网络评论必然会越来越受重视。网络评论正处发展风口，也就意味着机遇，期待更多的机构、不同群体能主动参与到网络评论发展中来，不是将其视为小众领域，而是看到其更深层次的时代价值。

参考资料

[1]刘海明：《新闻评论写作教程》，中国传媒大学出版社 2023 年版。

[2]杨娟：《网络与新媒体评论》，北京大学出版社 2015 年版。

[3]颜陈：《网络舆情治理实践教程》，人民日报出版社 2023 年版。

[4]赵华奇：《舆商思维》，浙江大学出版社 2022 年版。

[5]郑泉：《生成式人工智能的知识生产与传播范式变革及应对》，《自然辩证法研究》2024 年第 3 期。

[6]喻国明：《关于生成式 AI 的发展与传播领域革命的若干思考——近一年以来我的新传播研究：论点与框架》，《新闻爱好者》2024 年第 3 期。

[7]林静：《AI 绘图技术对新媒体传播的影响及应用分析》，《传播与版权》2024 年第 6 期。

[8]赵元成、何叶：《生成式人工智能模式下的文化传播：变革、风险与治理》，《理论导刊》2023 年第 3 期。

[9]王博男：《网络评论引导力与网评生产和传播创新》，《新闻爱好者》2023 年第 7 期。

后　记

历史一直在循着人类的指望前行，但似乎很不甘于遵从人类安排的节奏。互联网赋权导致网络评论的空前繁荣，但也带来泥沙俱下的窘况。

坐在办公室里指手画脚、站在讲台上坐而论道，对于理智客观声音传播，对于网络空间清朗净化，毫无裨益。如何写出合规合理合情的评论，说易行难。

基于教学及研究上的共识，2022年，我们一直在谋划结合评论业务实践，通过网络评论工作坊形式，总结出一些甚或一两条具体经验，也是对评论书写朋友圈的一种表白。

基于前期良好的合作，2024年，我们终于完成了这本小册子。它不够完善，更谈不上完美，但是我们足够真诚。参与的写作者，全部是对新闻（网络）评论具有极大热忱的一群人。

他们来自华中科技大学新闻与信息传播学院新闻评论专业的师生、武汉体育学院新闻学院的老师和荆楚网（湖北日报网）的编辑，具体写作分工如下：

第一讲：郭思骋、彭美茜、周文卿、潘天行、张子梁

第二讲：彭肇一

第三讲：王溥、盛诗雨、汤俊嘉、徐雅玲、梅雪菲、钟芷芸、秦语谦

第四讲：汪小钰、欧江月、茹开蓉、卢弈婷、徐伊琳

第五讲：王舒娴、伍佳佳、沈素芬、廖逢倩、杨虹磊、郭蕾、袁莉莉

第六讲：查昭、伍佳佳、徐芳、何青、王舒娴、刘文颖、詹蔷、丁玥、丁楚风、刘建维

对于所有善意的指正，我们虚心接纳，照单全收。

编者

2024年7月